Ergänzungsleistungen

Beobachter-Edition
© 2016 Ringier Axel Springer Schweiz AG, Zürich
5., überarbeitete Auflage, 2021
Alle Rechte vorbehalten
www.beobachter.ch

Herausgeber: Der Schweizerische Beobachter, Zürich
Lektorat: Käthi Zeugin, Zürich; Barbara Haab
Umschlaggestaltung und Reihenkonzept: fraufederer.ch
Umschlagillustration: illumueller.ch
Satz: Bruno Bolliger, Gudo
Herstellung: Bruno Bächtold
Druck: CPI Books GmbH, Ulm

ISBN 978-3-03875-351-3

★ ★ ★ ★ ☆

Zufrieden mit den Beobachter-Ratgebern?
Bewerten Sie unsere Ratgeber-Bücher im Shop:
www.beobachter.ch/shop

Mit dem Beobachter online in Kontakt:
   www.facebook.com/beobachtermagazin
   www.twitter.com/BeobachterRat

MIX
Papier aus verantwortungsvollen Quellen
FSC® C083411

ANITA HUBERT

Ergänzungsleistungen
Wenn die AHV oder IV nicht reicht

Ein Ratgeber aus der Beobachter-Praxis

Beobachter
EDITION

Die Autorin

Anita Hubert, dipl. Sozialarbeiterin FH, Sozialversicherungsfachfrau mit eidg. Fachausweis, Non-Profit-Managerin NDS FH Wirtschaft und Fachjournalistin, arbeitet im Beobachter-Beratungszentrum als Beraterin und Redaktorin für die Bereiche Sozialversicherungen, Arbeit und Sozialberatung und ist Vizepräsidentin der Procap Schweiz.

Dank

Ich möchte folgenden Personen herzlich danken: meinem Partner Leo Ruffiner, der jeweils als Erster mein Skript auf Verständlichkeit prüft; Hans-Ueli Käser und Uwe Koch für die spannenden Diskussionen rund um die neue Ergänzungsleistungsrevision und für ihr sorgfältiges Gegenlesen sowie meiner Lektorin Käthi Zeugin, die mein Manuskript in diese lesbare Form gegossen hat, und Barbara Haab, Projektleiterin/Lektorin, für ihre Begleitung und die guten Inputs.

Stand Gesetze und Rechtsprechung: Januar 2021

Download-Angebot zu diesem Buch

Unter www.beobachter.ch/download (Code 9049) finden Sie eine Musterverfügung und die Briefvorlagen zum Herunterladen und Bearbeiten.

Inhalt

Vorwort 9

1 Wenn das Geld nicht reicht 11

55 Jahre Ergänzungsleistungen 12
Wozu dienen die Ergänzungsleistungen? 12
Die EL-Reform 2021 13
Ergänzungsleistungen sind keine Sozialhilfe 15
Wer hat Anspruch auf Ergänzungsleistungen? 16

So funktioniert das EL-System 21
Einen Antrag stellen 22
So werden die Ergänzungsleistungen berechnet 25
Wenn sich die Verhältnisse ändern 28
Auszahlung an eine andere Stelle 30
Das Ende des EL-Bezugs 31

2 EL-Berechnung 1. Teil: die Ausgaben 33

Die anrechenbaren Ausgaben im Überblick 34

Der Lebensbedarf 36
Ihr eigener Lebensbedarf 37
Zusätzlicher Betrag für die Kinder 38

Die Wohnkosten 39
Wohnen in einer Mietwohnung 39
Wohnen im Eigenheim 44
Wohnen im Alters- und Pflegeheim 48

Krankenkasse, Krankheitskosten
und weitere Auslagen 53
Betrag für die Krankenkassenprämie 53
Krankheits- und Behinderungskosten 55
Übrige Ausgaben 61
Spezialregelung für Radio- und Fernsehgebühren 62

❸ EL-Berechnung 2. Teil: die Einnahmen 65

Die massgebenden Einnahmen im Überblick 66

Renten und Taggelder 68
Renten der AHV und der IV 68
Renten der Pensionskasse 71
Taggelder und Renten der Militär- und
der obligatorischen Unfallversicherung 73
Taggelder der Invalidenversicherung 74
Renten der 3. Säule 74

Das Erwerbseinkommen 76
Faire Lösung: Lohnanrechnung bei den EL 76
Lohn ohne Geld: das hypothetische Einkommen 79
Befreiung vom hypothetischen Einkommen? 86

Wie wird das Vermögen berücksichtigt? 89
Was zählt bei der EL zum Vermögen? 91
Der Vermögensertrag 95
Vermögensverzehr: So wird das Vermögen angerechnet 95
Das Vermögen wird angepasst 97

Was gilt für weitere Einnahmen? 99
Alimente werden angerechnet 99

Nicht angerechnete Zahlungen von Sozialversicherungen 101
Zuwendungen von Dritten 103

❹ Verschenktes und verbrauchtes Vermögen 107

Das Vermögen an die Kinder weitergeben? 108
Schenkung und Erbvorbezug 108
Das Haus den Kindern verkaufen? 110
Wohnrecht und Nutzniessung 111

Vermögen verbraucht – was heisst das bei den EL? 114
Pensionskasse: Rente oder Kapitalbezug – welche
Auswirkungen hat dies auf die Ergänzungsleistungen? 115
Wenn Sie das Pensionskassenkapital beziehen müssen 118

Vermögen weg – müssen die Angehörigen zahlen? 119
Die Verwandtenunterstützungspflicht 120
Die Rückerstattung nach dem Tod des EL-Bezügers 122

❺ Pflegekosten und Geldprobleme 125

Die EL fangen hohe Pflegekosten auf 126
Pflege zu Hause 126
Pflegende Angehörige 128
Eine Pflegerin anstellen, einen Pflegedienst beauftragen 131
Auszeit für Pflegende und Ferien für Pflegebedürftige 134
Der Eintritt ins Heim 135

Geldprobleme meistern 138
Als EL-Bezüger richtig budgetieren 139
Finanzielle Unterstützung, wenn das Geld nicht reicht 144

Auffangnetz Sozialhilfe 149
Betreibung bei EL-Bezug? 151

◆6◆ Probleme mit der EL-Stelle 155

Negativer EL-Entscheid – so wehren Sie sich 156
Einsprache einreichen 157
Wie steht es mit den Anwaltskosten? 159
Das Recht, die Akten einzusehen 160
Die EL-Stelle macht nicht vorwärts 161

◆🔖◆ Anhang 163

EL-Revision 2021 auf einen Blick: Was hat geändert? 164
Musterverfügung mit Erklärungen 170
Musterbriefe 172
Nützliche Adressen 174
Hilfreiche Links 178
Literatur 178

Vorwort

Am 1. Januar 2016 wurden die Ergänzungsleistungen 50 Jahre alt. Dies war mit ein Grund, diesen Beobachter-Ratgeber herauszugeben. Fünf Jahre später wurde das Ergänzungsleistungsgesetz revidiert – auf 2021 wurde die Revision umgesetzt. In dieser aktualisierten Auflage finden Sie alle Neuerungen auf einen Blick ab Seite 164.

Denn bis heute wissen viele Anspruchsberechtigte nicht, dass sie zusätzlich zu ihren Renten Anspruch auf Ergänzungsleistungen (EL) haben. Sie glauben noch immer, es handle sich dabei um Sozialhilfe oder Almosen.

Dieser Ratgeber möchte Sie ermutigen, Ihre Ansprüche geltend zu machen. Er zeigt Ihnen, wann Sie Ergänzungsleistungen beantragen können, und erklärt, wie diese berechnet werden. In Kapitel 2 finden Sie alle Ausgaben, die Sie geltend machen können, in Kapitel 3 die Einnahmen, die angerechnet werden. Diese beiden Kapitel können Sie zum Nachschlagen benutzen, wenn Sie Ihre EL-Berechnung erhalten haben.

Kapitel 4 behandelt das Thema, zu dem an der Beobachter-Hotline die meisten Fragen gestellt werden: Was passiert, wenn man das Vermögen verschenkt oder ausgegeben hat?

Wer pflegebedürftig ist und im Heim wohnt, ist oft auf EL angewiesen. Wie dann gerechnet wird, erfahren Sie in Kapitel 5. Zudem finden Sie dort Budgetvorschläge und weitere Tipps, wie man mit knappen Finanzen den Alltag bestreiten kann. Und schliesslich lesen Sie in Kapitel 6, wie Sie sich wehren, wenn Sie mit dem Entscheid der EL-Stelle nicht einverstanden sind.

Ich freue mich, wenn Ihnen dieser Ratgeber als Wegweiser durch den EL-Dschungel dient und wenn Sie sich getrauen, nachzufragen und sich für Ihre Ansprüche einzusetzen.

Anita Hubert
Januar 2021

1

Wenn das Geld nicht reicht

55 Jahre Ergänzungsleistungen

Am 1. Januar 1966 ist das Ergänzungsleistungsgesetz in Kraft getreten. Nach 55 Jahren hat das Parlament das Gesetz nun einer Revision unterzogen. Die Ergänzungsleistungen, eine Erfolgsgeschichte, dank der viele Generationen von Rentnerinnen und Rentnern genug zum Leben haben.

Die Bundesverfassung verlangt, dass die AHV- und die IV-Renten das Existenzminimum decken. Doch weder im Jahr ihrer Einführung noch aktuell konnten und können Rentner allein mit der AHV- oder der IV-Rente ihren Lebensunterhalt bestreiten. Deshalb wurden die Ergänzungsleistungen geschaffen. Sie waren als Übergangslösung gedacht bis zur Einführung einer obligatorischen beruflichen Vorsorge, der Pensionskassen. Mit den Renten aus der 1. und der 2. Säule, so die Absicht, sollten Rentnerinnen und Rentner genügend Mittel zur Verfügung haben, um über die Runden zu kommen.

Wozu dienen die Ergänzungsleistungen?

Die Erwartung der Existenzsicherung hat sich nicht für alle erfüllt. Zwar funktioniert das System der beiden unterschiedlichen Säulen AHV und Pensionskasse im Vergleich zum Ausland heute gut, doch noch immer sind knapp 48,5 Prozent der Invalidenrentner und 12,7 Prozent der Altersrentnerinnen auf die Zuschüsse über die Ergänzungsleistungen angewiesen. Und die Tendenz ist steigend: 2019 wurden insgesamt 5,2 Milliarden Franken Ergänzungsleistungen ausgezahlt – doppelt so viel wie im Jahr 2000. 2019 bezogen 337 000 Menschen solche Zahlungen. Bei den Ergänzungsleistungen zur AHV waren über doppelt so viele Frauen wie Männer auf Ergänzungsleistungen angewiesen. Das zeigt, dass die EL mehr denn je dringend nötig sind.

Auf Ergänzungsleistungen angewiesen sind heute einerseits junge Menschen mit Behinderung. Sie verdienen – wenn überhaupt – nur wenig und sind deshalb keiner Pensionskasse angeschlossen. Eine weitere grosse Bezugsgruppe sind pflegebedürftige ältere Menschen. Leben sie in einem Heim, reichen die Renten und das Ersparte meist nicht, um die hohen Kosten zu decken. So ersetzen die Ergänzungsleistungen einerseits fehlende Pensionskassenleistungen und andererseits die nicht vorhandene Schweizer Pflegeversicherung.

Die Ergänzungsleistung als Auffangbecken

Seit etlichen Jahren stehen die Schweizer Sozialversicherungen unter enormem Spardruck. Revisionen bei der AHV oder Invalidenversicherung führen zu Leistungsabbau. Hier dienen die Ergänzungsleistungen als Lückenfüller. Rentner, die ihren Lebensunterhalt nicht mehr finanzieren können, erhalten die dringend benötigten Mittel über die EL. Auch die Kostenexplosion bei den Krankenkassenprämien kann manches Budget ins Wanken bringen. In die Berechnung der Ergänzungsleistungen sind die hohen Krankenkassenkosten miteinbezogen, werden also mitfinanziert.

So gleichen die Ergänzungsleistungen die Probleme anderer Sozialversicherungen aus. Zum Glück – gäbe es die EL nicht, wären viele Rentnerinnen und Rentner auf Sozialhilfeleistungen oder auf Almosen angewiesen; Altersarmut wäre in der Schweiz allgegenwärtig.

Die EL-Reform 2021

Die Kosten der EL steigen massiv; im letzten Jahrzehnt haben sich die Ausgaben verdoppelt. Das blieb von der Politik nicht unbemerkt. Zahlreiche politische Vorstösse verlangten den Um- und Abbau der Ergänzungsleistungen. So wurde am 22. März 2019 vom Parlament eine Ergänzungsleistungsrevision beschlossen, die sogenannte EL-Reform.

Die wichtigsten Neuerungen sind:
- Mietzinsmaxima wurden je nach Region zwischen 10 und 25 % erhöht.
- Eine Vermögensschwelle wird eingeführt – alleinstehende Personen mit einem Vermögen ab 100 000 Franken und Ehepaare mit mehr als 200 000 Franken erhalten keine EL, dabei wird selbstbewohntes Wohneigentum nicht berücksichtigt.
- Der Vermögensfreibetrag wird gesenkt für Einzelpersonen auf 30 000 Franken, für Ehepaare auf 50 000 Franken.
- Das Vermögen, das übermässig ausgegeben oder auf das verzichtet wurde, wird angerechnet, als ob es noch vorhanden wäre.
- Erben von EL-Bezügern werden rückerstattungspflichtig, dies ab einem Erbe von 40 000 Franken.
- Der Lebensbedarf für Kinder unter 11 Jahren wird gesenkt, dafür können jedoch neu Auslagen für die Kinderbetreuung berücksichtigt werden.
- Bei der Krankenkassenprämie wird die Durchschnittsprämie der Region, höchstens aber die tatsächliche Prämie als Ausgabe berücksichtigt.

Der Übergang vom alten zum neuen Gesetz
Steht bisherigen EL-Bezügern durch die Reform ein höherer EL-Betrag zu, so erhalten sie diesen ab dem Jahr 2021. Wird die monatliche Ergänzungsleistung aufgrund der neuen Bestimmungen tiefer als bisher oder entfällt gar, wird dem EL-Bezüger noch während 3 Jahren der bisherige EL-Betrag ausbezahlt.

Weitere Informationen zur EL-Reform finden Sie im Anhang ab Seite 164.

Ergänzungsleistungen sind keine Sozialhilfe

AHV- und IV-Rentner, denen das Geld nicht zum Leben reicht, haben in der ganzen Schweiz einen Rechtsanspruch auf Ergänzungsleistungen. Trotzdem machen viele Menschen ihren Anspruch nicht geltend. Einige wissen nicht, dass sie diese finanzielle Hilfe beanspruchen dürfen – sie wurden falsch oder gar nicht informiert. Für andere ist das System der Ergänzungsleistungen gleichbedeutend mit Sozialhilfe – und Sozialhilfe möchten sie nicht beziehen, da würden sie sich schämen.

Das ist falsch: Ergänzungsleistungen sind keine Sozialhilfe und auch keine Almosen! Ergänzungsleistungen sind Versicherungsleistungen.

Sie müssen nicht zurückgezahlt werden, und es werden auch keine Verwandten dafür belangt – dies im Gegensatz zur Sozialhilfe. Allerdings wurde mit der EL-Revision 2021 eine Rückerstattung nach dem Erbgang eingeführt (siehe Seite 122)

Sozialhilfe kommt zum Zug, wenn alle Stricke reissen, wenn keine Versicherung mehr zahlt. Sie ist das unterste Netz im sozialen System der Schweiz. Die Sozialhilfe – veraltet Fürsorge genannt – ist nach kantonalen und oft auch gemeindeeigenen Vorgaben aufgebaut. Wer

---

DIE ZUSTÄNDIGEN STELLEN FÜR ERGÄNZUNGSLEISTUNGEN

Je nach Kanton nennen sich die Stellen, die für Ergänzungsleistungen zuständig sind, unterschiedlich: Bei den Gemeinden sind es meist die AHV-Zweigstellen, die kantonalen Stellen heissen Sozialversicherungsanstalt, Sozialversicherungszentrum oder Ausgleichskasse. Wie das in Ihrem Kanton ist, sehen Sie in der Adressliste im Anhang oder unter www.ahv-iv.ch (→ Kontakte → Kantonale Stellen für Ergänzungsleistungen). In diesem Buch werden die Begriffe «Ausgleichskasse», «AHV-Zweigstelle» und «EL-Stelle» synonym verwendet.

Sozialhilfe erhält, hat weniger Geld zur Verfügung als ein EL-Bezüger. Auch muss man Sozialhilfeleistungen zurückzahlen, wenn man wieder zu Geld gekommen ist. Und die Gemeinde kann Verwandtenunterstützung geltend machen (mehr dazu auf Seite 120). Zudem darf das Sozialamt in die Lebensgestaltung der Menschen eingreifen, indem es Auflagen macht und die Auszahlung an Bedingungen knüpft.

Ganz anders die Ergänzungsleistungen: Wer die Voraussetzungen erfüllt, hat Anspruch auf den errechneten Betrag und erhält dieses Geld monatlich auf sein Konto ausgezahlt.

INFO *Für Ergänzungsleistungen melden Sie sich nicht beim Sozialamt an. Denn das EL-Gesetz schreibt explizit vor, dass der Kanton keine Sozialhilfebehörden mit der Abwicklung der Ergänzungsleistungen beauftragen darf. Meist können Sie den Antrag in Ihrer Gemeinde bei der Ausgleichskassenzweigstelle oder direkt bei der kantonalen EL-Stelle einreichen.*

Wer hat Anspruch auf Ergänzungsleistungen?

Damit Sie EL erhalten, braucht es als Grundvoraussetzungen eine Rente und einen Wohnsitz in der Schweiz. Die Ergänzungsleistungen werden als Aufstockung ausgerichtet – ohne Rente kann man sie, abgesehen von wenigen Ausnahmen, nicht beantragen. Anspruch auf EL haben folgende Personengruppen:
- AHV- und IV-Rentner
- Bezüger einer Hilflosenentschädigung
- Bezüger von Taggeldern der IV
- Bezüger von Witwen-, Witwer- und Waisenrenten

Der Anspruch besteht, wenn Ihre Einkünfte nicht reichen, um den minimalen Lebensstandard zu finanzieren. Was bedeutet «minimaler

Lebensstandard»? Die EL geht von einem Minimum aus, das etwa einen Drittel höher liegt als dasjenige für Sozialhilfebezüger oder für Menschen, die auf dem betreibungsrechtlichen Existenzminimum leben (siehe Seite 152).

> **TIPP** *Sie sind nicht sicher, ob Sie EL zugute haben? Eine Überprüfung lohnt sich immer, insbesondere für Einzelpersonen mit einem Einkommen unter 40 000 Franken und für Ehepaare mit einem Einkommen zwischen 40 000 und 60 000 Franken. Lassen Sie Ihren Anspruch berechnen. Oder führen Sie selber eine Berechnung durch:*
> – *www.ahv-iv.ch → Sozialversicherungen → Ergänzungsleistungen → Berechnung Ergänzungsleistungen*
> – *www.prosenectute.ch → Dienstleistungen → Finanzen*

Und wenn Sie jetzt noch keine EL erhalten, wissen Sie immerhin, ab welchem Punkt Sie die Leistungen beziehen können.

Ergänzungsleistungen zu einer IV- und AHV-Rente

Die meisten EL-Berechtigten haben eine Alters- oder Invalidenrente. Invalidenrenten werden als ganze, Dreiviertels-, halbe oder Viertelsrenten ausgezahlt. Alle diese Rentenformen gelten als Voraussetzung, um Ergänzungsleistungen zu beziehen. Beziehen Sie eine Teilinvalidenrente, müssen Sie im Rahmen Ihrer gesundheitlichen Möglichkeiten eine Stelle suchen. Ihr Anspruch auf Ergänzungsleistungen wird entsprechend gekürzt, Genaues dazu finden Sie auf Seite 79. Mit der neuen EL-Reform haben Altersrentner erst Anspruch, wenn ihr Vermögen tiefer ist als 100 000 Franken, bei Ehepaaren tiefer als 200 000 Franken – weitere Informationen finden Sie auf Seite 89.

INFO *Allenfalls können auch Personen ohne Rentenanspruch EL beziehen. Nämlich dann, wenn sie nur deshalb keine Rente erhalten, weil sie die Mindestbeitragsdauer – ein Jahr für die AHV, drei Jahre für die IV – nicht erfüllt haben.*

Ergänzungsleistungen zu einer Hilflosenentschädigung

Eine Hilflosenentschädigung (HE) erhält, wer bei alltäglichen Lebensverrichtungen auf die Hilfe von Mitmenschen angewiesen ist. Die meisten Bezüger von HE beziehen auch eine IV-Rente und haben deshalb Anspruch auf EL. Doch gibt es auch Erwerbstätige ohne Rente, die aufgrund ihrer behinderungsbedingten Einschränkungen eine HE beziehen.

HELGA T. IST 55 JAHRE ALT, stark sehbehindert und arbeitet als Telefonistin in der Zentrale eines grossen Seniorenheims. Sie erhält keine IV-Rente. Wegen ihrer starken Sehbehinderung hat sie aber eine kleine Hilflosenentschädigung. Hätte Frau T. in ihrer Situation nicht genügend Geld zum Leben, könnte sie aufgrund ihrer Hilflosenentschädigung EL beantragen.

Aufstockung des IV-Taggelds

Die IV bezahlt nicht nur Renten, sondern unter Umständen auch Taggelder. Ein Taggeld der IV erhalten Sie während Abklärungs- und Eingliederungsmassnahmen, sofern Sie bereits 18 Jahre alt sind. Das Taggeld beträgt 80 Prozent des bisherigen Lohnes, zuzüglich eines Kindergelds.

IV-Taggeldberechtigte, die ihr Taggeld während mindestens sechs Monaten erhalten, können Ergänzungsleistungen beantragen. Allerdings erhalten Taggeldbezüger keine Ergänzungsleistungen für ihre Kinder, da die Kinderkosten bereits im Taggeld enthalten sind.

Bezüger von Witwen-, Witwer- und Waisenrenten

Die AHV bezahlt nicht nur Altersrenten, sondern auch Renten für die Hinterbliebenen:

- Eine Witwenrente erhält eine Frau, deren Mann verstorben ist und die Kinder hat. Eine kinderlose Frau hat Anspruch auf Rente, wenn sie beim Tod ihres Mannes mindestens 45 Jahre alt und seit mindestens 5 Jahren verheiratet war.
- Ein Mann hat Anspruch auf eine Witwerrente der AHV, wenn seine Kinder beim Tod seiner Frau jünger als 18 sind. Die Rente erlischt, wenn das jüngste Kind 18 Jahre alt wird.
- Eine Waisenrente erhalten Kinder, deren Vater und/oder Mutter verstorben ist. Sie erhalten diese Rente bis zum 18. Geburtstag – oder bis zum 25., solange sie noch in Ausbildung sind.

Waisen, Witwen und Witwer, die eine AHV-Rente beziehen, haben EL-Anspruch, wenn es nicht für den Lebensunterhalt reicht.

Frühpensionierte

Eine vorzeitige Pensionierung ist bei der AHV für Frauen ab 62 und für Männer ab 63 Jahren möglich (Stand: 2021). Die Rente wird bei einem Rentenvorbezug um 6,8 Prozent pro Jahr gekürzt. Trotzdem können sie Anspruch auf Ergänzungsleistungen ab Rentenbezug haben.

TIPP *Wenn Sie voraussichtlich mit 65 – als Frauen mit 64 – Anspruch auf Ergänzungsleistungen haben werden, können Sie sich zwei Jahre früher pensionieren lassen und kommen auf denselben Betrag, wie wenn Sie ordentlich in Rente gehen würden. Wie das? Die EL stockt Ihr Einkommen auf, die gekürzte Rente wird kompensiert und Sie erhalten genau gleich viel, wie wenn Sie bis zum AHV-Alter gearbeitet hätten. Quasi eine Frühpensionierung für Wenigverdiener.*

Ausländische Staatsangehörige

EL werden nur in der Schweiz ausgezahlt. Ausländerinnen und Ausländer, die sich in der Schweiz niederlassen, müssen je nach Staatsangehörigkeit eine Wartezeit bestehen (auch Karenzzeit genannt, siehe Kasten), bevor sie ihren Anspruch auf EL geltend machen können.

Leben im Ausland: Wie lange erhält man EL?
Ergänzungsleistungen erhalten Sie nur, wenn Sie Ihren Wohnsitz in der Schweiz haben. Wer ins Ausland zieht, erhält die Leistungen noch bis zum Ende des Umzugsmonats. Auch wenn Sie länger ins Ausland in die Ferien gehen, können Sie den Anspruch verlieren. Doch wenn Sie folgende Regeln beachten, ist ein Aufenthalt möglich:
- EL-Bezüger dürfen nicht länger als 90 Tage ins Ausland verreisen. Eine Kumulation der Tage über das Jahresende wird nicht akzeptiert, die 90 Tage gelten auch über den Jahreswechsel.
- Aus wichtigen Gründen sind Aufenthalte bis zu einem Jahr möglich, dazu zählen:
  - Eine Ausbildung, die einen Auslandaufenthalt notwendig macht, z. B. ein Sprachstudium.
  - Pflege von sehr schwer erkrankten Verwandten in auf- oder absteigender Linie sowie Geschwister, Ehepartner, Schwiegereltern oder Stiefkinder, sofern nicht andere Personen die Pflege übernehmen können.
  - Verhinderung der Rückkehr durch höhere Gewalt, wie Naturkatastrophen, kriegerische Ereignisse.

Halten sich ausländische EL-Bezüger länger als während der obigen Fristen im Ausland auf, lebt die Karenzzeit wieder auf (siehe Box).

GUSTAV L. IST IV-RENTNER mit Anspruch auf EL. Er hat eine Freundin in Thailand. Diese besucht er gern in den Wintermonaten. Er ist jeweils von Anfang November bis Ende Dezember dort. Für Silvester und die folgenden Wochen kehrt er in die Schweiz heim. Erst im Februar geht er wieder nach Thailand für ein paar Wochen. So kann er die EL weiterhin beziehen.

KARENZZEIT FÜR AUSLÄNDISCHE STAATSANGEHÖRIGE

Staatsangehörigkeit	Karenzzeit
Liechtenstein	keine
Angehörige von EU-/EFTA-Staaten	keine
Angehörige anderer Staaten mit Staatsvertrag (bis Ende einer 10-jährigen Karenzzeit sind die EL auf die Höhe der minimalen AHV-Rente plafoniert, 2021 also auf 1195 Franken)	5 Jahre
Flüchtlinge	5 Jahre
Angehörige von Staaten ohne Staatsvertrag	10 Jahre

So funktioniert das EL-System

Auf den folgenden Seiten erfahren Sie, wie Sie vom EL-Antrag bis zur ersten Auszahlung kommen. Sie finden erklärt, wie die Ergänzungsleistungen berechnet werden, und Sie lernen den Unterschied zwischen den regelmässigen monatlichen Zahlungen und den EL-Zahlungen auf Antrag kennen.

Ergänzungsleistungen müssen Sie beantragen. Ohne Antrag läuft gar nichts. Die Ausgleichskasse wird von niemandem informiert, dass Sie

ZWEI ARTEN ZAHLUNGEN
Der Anspruch auf Ergänzungsleistungen ergibt sich aus einer simplen Rechnung: Ihren anerkannten Ausgaben werden Ihre Einnahmen gegenübergestellt. Sind die Ausgaben höher als die Einnahmen, wird Ihnen die Differenz monatlich als Ergänzungsleistung überwiesen, zusammen mit Ihrer AHV- oder IV-Rente.
Neben diesen monatlichen Leistungen zahlt die EL auch Krankheits- und Behinderungskosten – jeweils dann, wenn diese anfallen. Die Belege dafür müssen Sie an die EL-Stelle weiterleiten. Danach erhalten Sie die ungedeckten Kosten, zum Beispiel Franchise, Selbstbehalt oder Zahnarztauslagen, direkt vergütet.

knapp bei Kasse sind. Stellen Sie Ihren Antrag möglichst früh: Das Anmeldedatum ist wichtig, denn ab dem ersten Tag des Antragsmonats erhalten Sie die Leistungen ausgezahlt.

Einen Antrag stellen

Um EL zu beantragen, gibt es einfache Formulare, die Sie wahrheitsgetreu ausfüllen müssen. Diese können Sie bei der kantonalen EL-Stelle online beziehen (www.ahv-iv.ch → Kontakte → Kantonale Stellen für Ergänzungsleistungen). Sie können sie auch schriftlich oder telefonisch bestellen oder persönlich bei der AHV-Zweigstelle Ihrer Gemeinde abholen (siehe auch Kasten auf Seite 15). Die Zweigstelle nimmt den ausgefüllten Antrag wieder entgegen und leitet ihn nach einer ersten Überprüfung an die kantonale Stelle weiter.
Bei den meisten EL-Bezügern ist die Wohngemeinde für den EL-Antrag zuständig. Nur für Heimbewohner und für umfassend verbeiständete Menschen gibt es eine Ausnahme: Für Heimbewohner bleibt

diejenige Gemeinde zuständig, in der sie vor dem Heimeintritt gelebt haben. Und für umfassend Verbeiständete gilt der Ort der zuständigen Kindes- und Erwachsenenschutzbehörde (Kesb).

> ⚠️ **URTEILE** *Eine Mutter hatte nach altem Vormundschaftsrecht weiterhin die elterliche Sorge über ihre entmündigte, behinderte Tochter. Die 25-jährige Tochter lebte in einem Heim. Als die Mutter vom Kanton Zürich in den Kanton Aargau zog, wurde auch die Zuständigkeit der Vormundschaftsbehörde (heute Kesb) in den Aargau verlegt. Mit diesem Wechsel, so entschied das Bundesgericht, war nun auch der Kanton Aargau für die Auszahlung der Ergänzungsleistungen zuständig (BGE 138 V 23).*
>
> ---
>
> *Beim SUVA-Verfahren äusserte sich ein Versicherter, er habe ein eigenes Ferienhaus im Tessin, respektive einen Bauernbetrieb, den er verpachtet habe. Die EL-Stelle hatte von dieser Aussage Kenntnis und forderte deshalb den EL-Bezüger auf, die Unterlagen beizubringen. Er reagierte nicht. Aus diesem Grund trat die EL-Stelle nicht auf den Antrag ein, sie warf dem Versicherten mangelnde Mitwirkung vor. Das Bundesgericht entschied nun, dass im Rahmen des Untersuchungsgrundsatzes die EL-Stelle die Abklärungen bezüglich eines Wohneigentums im Tessin hätte selber vornehmen können. Dem Versicherten wird einzig vorgeworfen, dass er nicht gemeldet habe, dass er effektiv kein Haus besitze. Für das Bundesgericht verletzt das Nichteintreten auf die EL-Anmeldung Bundesrecht (9C_763/2016 vom 9.10.2017).*

Was will die Ausgleichskasse wissen?

Die Anmeldeformulare für die Ergänzungsleistungen umfassen fünf bis sechs Seiten. Lassen Sie sich davon nicht abschrecken. Ein kleiner Trost: Sie müssen den Antrag nur einmal ausfüllen – spätere Änderungen sind einfacher.

Die EL-Stelle will sehr viel wissen: So verlangt sie Informationen zu Ihrer Wohnsituation, zu Ihrem Vermögen und zu allen Einkommen. Es soll sichergestellt werden, dass Sie kein Vermögen verschenkt oder zu grosszügig ausgegeben haben und dass Sie auch wirklich in der Schweiz leben. Zu diesem Zweck werden manchmal Ihre Kontoauszüge näher angeschaut: Die EL-Stelle sucht darin nach grösseren Barbezügen oder Überweisungen in den letzten Jahren – dies könnte auf Schenkungen hindeuten. Oder sie stellt fest, dass Sie regelmässig im Ausland Geld beziehen – dies könnte ein Hinweis darauf sein, dass Sie im Ausland leben (siehe auch Seite 20).

Liegen der EL-Stelle bei der Anmeldung nicht alle Dokumente vor, werden Sie eine Nachfrist erhalten, um das Fehlende nachzureichen. Kommen Sie dieser Aufforderung sobald wie möglich nach! Erst wenn die Kasse alle Ihre Unterlagen beisammen hat, wird sie mit der Arbeit beginnen und Ihren Anspruch prüfen.

> **TIPP** *Brauchen Sie Hilfe beim Ausfüllen des Anmeldeformulars? Dann können Sie sich an eine Beratungsstelle wenden, Adressen finden Sie im Anhang.*

Ab wann erhält man das Geld?

Wenn Sie sich schriftlich bei der kantonalen Ausgleichskasse melden, erhalten Sie das Antragsformular zugeschickt. Danach haben Sie drei Monate Zeit, es auszufüllen. Als Anmeldedatum und damit als Zahlungsbeginn für die Ergänzungsleistungen gilt Ihr erstes Schreiben, Sie erhalten die Ergänzungsleistungen rückwirkend auf dieses Datum ausgezahlt.

Anders wird der Zahlungsbeginn bestimmt, wenn Sie in ein Heim eintreten oder erstmals eine IV-Rente erhalten. In diesen Situationen ist nicht das Anmeldedatum bei der EL entscheidend, sondern der Eintritt ins Heim bzw. der Entscheid über die Neurente. Melden Sie sich innert sechs Monaten nach diesen Ereignissen bei der Ausgleichskasse an, erhalten Sie die Ergänzungsleistungen rückwirkend auf das Datum des Heimeintritts bzw. der IV-Rentenverfügung.

So werden die Ergänzungsleistungen berechnet

Es gibt zwei Arten von Ergänzungsleistungen:
- Die regelmässigen monatlichen Zahlungen helfen Ihnen, die Miete und Ihren Lebensbedarf zu finanzieren.
- Die Vergütung von Krankheitskosten erhalten Sie auf Antrag. Sie müssen dazu Ihrer Ausgleichskasse die Krankenkassenabrechnungen einreichen; dann werden Ihnen die Franchise und der Selbstbehalt separat zurückgezahlt.

Der regelmässige EL-Anspruch

Der jährliche Anspruch auf Ergänzungsleistungen entsteht aus der Gegenüberstellung der anerkannten Ausgaben und der anrechenbaren

DIE POSTEN IN DER EL-BERECHNUNG

Ausgaben	Einnahmen
Lebensbedarf (siehe Seite 36)	Renten (siehe Seite 68)
Wohnkosten (siehe Seite 39)	Taggelder (siehe Seite 73)
Krankenkasse und Krankheitskosten (siehe Seite 53)	Erwerbseinkommen (siehe Seite 76)
Übrige Ausgaben (siehe Seite 61)	Vermögensertrag und Vermögensverzehr (siehe Seite 89)
	Alimente (siehe Seite 99)

Einnahmen. Als Einnahmen werden die Renten der AHV (bzw. der IV) und der Pensionskassen, das Erwerbseinkommen, der Vermögensertrag und der Vermögensverzehr berücksichtigt. Als Ausgaben werden ein Betrag für den allgemeinen Lebensbedarf, die Miete und die kantonale Durchschnittsprämie oder die tatsächliche Prämie für die Krankenkasse akzeptiert.

Sind Ihre Ausgaben höher als Ihre Einnahmen, wird das Manko als Ergänzungsleistung ausgerichtet. Den Betrag erhalten Sie auf zwölf Monate verteilt zusammen mit Ihrer AHV- oder IV-Rente direkt auf Ihr Konto überwiesen. Dabei werden die Zahlungen immer auf den nächsten Franken aufgerundet.

EDITH V. IST ALLEINSTEHEND. Sie lebt in einer kleinen Mietwohnung und hat jährliche Renten von 25 100 Franken.

Jährliche Ausgaben	
Lebensbedarf	Fr. 19 610.–
Bruttomietzins (Maximum)	Fr. 16 440.–
Betrag Krankenkassenprämien	Fr. 6 252.–
Total Ausgaben	Fr. 42 302.–
Jährliche Einnahmen	Fr. 25 100.–
Differenz = jährliche Ergänzungsleistung	Fr. 17 202.–

Der Betrag für die Krankenkassenprämien (6252 Franken) wird direkt an die Kasse geleistet. Die restlichen 10 950 Franken erhält Edith V. in monatlichen Tranchen von 913 Franken überwiesen. Fallen Krankheitskosten an, werden diese Frau V. zusätzlich vergütet (siehe Seite 55).

Die jährliche Ergänzungsleistung entspricht dem Betrag, um den die Ausgaben die Einnahmen übersteigen. Bisher konnten EL-Bezüger mit einer guten Krankenkassenwahl sparen. Neu wird mit der EL-Reform nur noch die tatsächliche Prämie angerechnet. Ist die Prämie höher als die Durchschnittsprämie Ihres Kantons, wird nur die Durchschnittsprämie vergütet. EL-Bezüger werden damit veranlasst, eine günstigere Kasse zu wählen.

> **TIPP** *Den Entscheid darüber, wie viel Ergänzungsleistungen Sie erhalten, teilt Ihnen die Ausgleichskasse in Form einer Verfügung mit. Die Verfügung enthält eine Berechnung der Einnahmen und Ausgaben. Prüfen Sie diese genau. Sollte etwas nicht korrekt sein, haben Sie 30 Tage Zeit, um Einsprache zu erheben. Wie Sie das tun, erfahren Sie auf Seite 156.*

Die Zahlungen auf Antrag

Neben den monatlichen Ergänzungsleistungen können Sie auch Krankheits- und Behinderungskosten einfordern. Da solche Ausgaben nicht regelmässig anfallen, müssen Sie diese anhand der jeweiligen Unterlagen separat beantragen, zum Beispiel mit der Abrechnung der Krankenkasse. Folgende Krankheitskosten können Sie zusätzlich geltend machen (mehr dazu auf Seite 55):

- Beteiligung an den Kosten der Krankenkasse, also Franchise und Selbstbehalt
- Kosten für Zahnbehandlungen
- Kosten für Hilfe, Pflege und Betreuung zu Hause oder in Tagesstätten
- Auslagen für lebensnotwendige Diäten
- Transporte zum nächstgelegenen medizinischen Behandlungsort
- Hilfsmittel aus den Bereichen der Orthopädie, der Pflege oder für soziale Kontakte
- Kosten für ärztlich verordnete Erholungs- und Badekuren

Nicht vergessen: Auch wenn Sie keinen Anspruch auf Ergänzungsleistungen haben, weil Ihre Einnahmen die Ausgaben übersteigen, können Sie unter Umständen Geld von der EL-Stelle erhalten. Nämlich dann, wenn die jährlichen Krankheits- oder Behinderungskosten Ihre Ausgaben derart erhöhen, dass die von der EL angerechneten Einnahmen überschritten werden.

◉ **RALF G. HAT EINE GANZE IV-RENTE** und eine Rente der Pensionskasse. Sein Einkommen übersteigt die anerkannten Ausgaben jährlich um 500 Franken, er erhält also keine Ergänzungsleistungen. Doch in diesem Jahr hat er eine Zahnarztrechnung von 2100 Franken zu bezahlen. Damit erhöhen sich seine Ausgaben um 2100 Franken, und er kann bei der EL-Stelle eine Rückvergütung der 1600 Franken Differenz beantragen.

Für die jährlichen Krankheits- und Behinderungskosten können die Kantone Höchstbeträge festlegen. Diese dürfen die folgenden Beträge nicht unterschreiten:
- für alleinstehende und verwitwete Personen: 25 000 Franken
- für Ehepaare: 50 000 Franken
- für Vollwaisen: 10 000 Franken
- für Heimbewohner: 6000 Franken

❗ **ACHTUNG** *Der Antrag auf Rückvergütung der Krankheitskosten muss innert 15 Monaten nach Rechnungsstellung – zum Beispiel des Arztes, der Spitex oder der Krankenkasse – bei der EL-Stelle eingereicht werden.*

Wenn sich die Verhältnisse ändern

Finanzielle Verhältnisse ändern sich immer wieder – und das muss der EL-Stelle sofort mitgeteilt werden. Wenn Sie eine solche Meldung vergessen, kann es zu unliebsamen Rückforderungen von zu viel bezogenen Ergänzungsleistungen kommen. Oder Sie erhalten zu wenig Geld ausgezahlt. Beides ist für Sie und für die EL-Stellen mit grossen, unnötigen Umtrieben verbunden.

Ausgleichskassen können sich auch mal verrechnen – auch dann resultieren Rückerstattungen oder Nachzahlungen.

> **TIPP** *Es lohnt sich, die Meldepflichten ernst zu nehmen, denn ein bewusstes Verschweigen einer neuen Ausgangslage kann sogar strafrechtliche Konsequenzen haben. Informieren Sie deshalb die Ausgleichskasse lieber einmal zu früh oder zu viel als gar nicht.*

Nachzahlungen

Die Ausgleichskasse braucht Zeit, bis sie Ihren EL-Anspruch berechnet hat. Sie haben aber ab Anmeldedatum Anspruch auf die Leistungen.

Mit der EL-Reform dürfen sich die EL-Stellen grundsätzlich nur bis zu 90 Tage Zeit lassen, um über einen möglichen Anspruch zu entscheiden. Kann diese Frist nicht eingehalten werden, müssen sie Vorschussleistungen bezahlen, sofern die Antragssteller alle Unterlagen eingereicht haben und ein Anspruch als ausgewiesen gilt.

Wird während der Wartezeit Ihr Geld trotzdem knapp, können Sie zur Überbrückung Sozialhilfe beantragen (siehe Seite 149).

Nachzahlungen kann es auch geben, wenn sich Ihr Anspruch auf Ergänzungsleistungen zu Ihren Gunsten verändert. Typische Beispiele: Ihr Einkommen sinkt wegen einer Lohnreduktion, Ihre Ausgaben steigen wegen einer Mietzinserhöhung oder wegen höherer Kosten für den Heimaufenthalt. Die Nachzahlung erfolgt aber erst auf den Beginn des Monats, in dem die Veränderung gemeldet wurde.

Rückerstattungen

Rückerstattungspflichtig werden Sie, wenn Sie zum Beispiel eine Mietzinsreduktion oder eine Lohnerhöhung zu spät melden.

Solche Rückforderungen darf die Ausgleichskasse mit fälligen Ergänzungsleistungen verrechnen, das heisst: Die monatlichen Zahlungen reduzieren sich. Deshalb lohnt es sich, eine Änderung sofort zu melden.

> **ACHTUNG** *Die Ausgleichskasse kann Zahlungen, die Sie zu Unrecht erhalten haben, bis zu fünf Jahre lang zurückfordern. Stellt die Ausgleichskasse bei einer regelmässigen Überprüfung fest, dass eine Änderung der Ergänzungsleistung weniger als 120 Franken jährlich ausmacht, kann sie auf eine Anpassung verzichten.*

Auszahlung an eine andere Stelle

Normalerweise erhalten Sie die EL-Auszahlung direkt auf Ihr Konto. Anders sieht das aus, wenn Sie Sozialhilfe beziehen mussten, während Sie auf den Entscheid der EL-Stelle warteten. Dann stellt das Sozialamt einen Verrechnungsantrag, und die Ergänzungsleistungen für diese Zeit werden direkt dorthin überwiesen. Das Sozialamt darf sie aber nur mit denjenigen Zahlungen verrechnen, die auf die Zeit fallen, in der Sie Sozialhilfe bezogen haben. Es dürfen keine alten Sozialhilfeschulden mit neuen Ergänzungsleistungen verrechnet werden – ausser Sie selber beschliessen, Ihre Sozialhilfeschulden abzuzahlen.

> **SABRINA K. ERHÄLT VON DER IV** eine ganze Rente zugesprochen. Bis zum Renten- und späteren EL-Entscheid im Dezember 2019 hat sie Sozialhilfe bezogen. Das Sozialamt darf die Rente und die Ergänzungsleistungen bis zum Dezember 2019 einfordern und mit den Leistungen für die gleiche Zeit verrechnen. Ab Januar 2020 ist Sabrina K. nicht mehr auf Sozialhilfe angewiesen, sie erhält die IV-Rente und die Ergänzungs-

leistungen direkt auf ihr Konto. Mit den IV- und EL-Zahlungen für 2020 darf das Sozialamt keine Ausstände aus dem Jahr 2019 oder früher verrechnen (siehe Seite 150).

Manchmal beantragt ein EL-Bezüger freiwillig die Auszahlung an eine andere Stelle. Zum Beispiel, wenn er merkt, dass er es nicht (mehr) schafft, sein Einkommen sinnvoll einzuteilen. Dann kann er sich entweder zu einer Lohnverwaltung beispielsweise über eine Schuldenberatungsstelle entschliessen, oder es wird über die Kindes- und Erwachsenenschutzbehörde (Kesb) eine Vermögensverwaltung in Form einer Beistandschaft eingerichtet (mehr zum Geldeinteilen und Budgetieren lesen Sie auf Seite 138).

Das Ende des EL-Bezugs

Irgendwann endet jeder EL-Anspruch, zum Beispiel weil die Bezügerin neu zu viel Einkommen hat. Oder natürlich, wenn ein EL-Bezüger stirbt. Wie lange werden in diesen Fällen die EL noch ausgezahlt?

Im Todesfall enden die EL-Zahlungen mit dem Ende des Ereignismonats. Auch wenn jemand nicht mehr EL-berechtigt ist – weil er eine günstigere Wohnung gefunden hat oder zu viel verdient –, laufen die Zahlungen noch bis Ende Monat.

Ausnahme: Ab der EL-Reform 2021 erhalten Heimbewohner die Heimtaxen nur für die Tage, die vom Heim oder Spital in Rechnung gestellt werden. Das kann in Todesfällen zu Rückforderungen von bereits Anfang Monat ausbezahlten Taxen führen.

INFO *Wenn Sie von einem Kanton in einen anderen ziehen, wird eine neue EL-Stelle für Sie zuständig. Bei einem Umzug während des Monats zahlt die alte EL-Stelle noch bis zum Monatsende, dann übernimmt die neue.*

2

EL-Berechnung 1. Teil: die Ausgaben

Die anrechenbaren Ausgaben im Überblick

Wie Sie bereits gesehen haben, können Sie Ergänzungsleistungen beantragen, wenn Ihre Einnahmen nicht mehr ausreichen, um den minimalen Lebensunterhalt zu decken. Für die Berechnung Ihres Anspruchs werden Ihre Ausgaben den Einnahmen gegenübergestellt. Was versteht die EL-Stelle unter Ausgaben? Wie werden diese berechnet?

Welche Ausgaben Sie in welcher Höhe in Ihrem Antrag auf Ergänzungsleistungen geltend machen können, ist gesetzlich geregelt, und zwar abschliessend. Ausnahmen sind im Ergänzungsleistungsgesetz nicht vorgesehen. Folgende Ausgabenposten werden angerechnet:
- Lebensbedarf (siehe Seite 36)
- Wohnkosten, das heisst die Miete, die Auslagen für Wohneigentum oder die Kosten für ein Heim (siehe Seite 39)
- Krankheitskosten (siehe Seite 53)
- Weitere genau definierte Auslagen, zum Beispiel Alimente
- Erlass der Serafe-Gebühren (siehe Seite 62)

Wie diese Ausgabenposten in die EL-Berechnung einfliessen, sehen Sie im folgenden Beispiel einer alleinstehenden AHV-Rentnerin, die in einer Mietwohnung lebt.

KLARA H. HAT EINE AHV-RENTE von 2100 Franken monatlich, dazu kommt eine Pensionskassenrente in der Höhe von 466.65 Franken. Beides zusammen reicht nicht aus, um ihren Lebensunterhalt zu bestreiten. Die Wohnungsmiete von Frau H.

beträgt 1210 Franken im Monat, die Krankenkassenprämie 470 Franken. Aus der Berechnung der EL-Stelle ergibt sich ein monatlicher Zustupf von 278 Franken. Die Krankenkassenprämie wird direkt an die Kasse überwiesen.

EL-BERECHNUNG FÜR KLARA H.

Jährliche Ausgaben

Lebensbedarf	Fr. 19 610.–	
Bruttomietzins (Region 3)	Fr. 14 520.–	
(siehe Seite 40)		
Betrag Krankenkassenprämien	Fr. 5 640.–	
Total Ausgaben		Fr. 39 770.–

Jährliche Einnahmen

AHV-Rente	Fr. 25 200.–	
Pensionskassenrente	Fr. 5 600.–	
Total Einnahmen		– Fr. 30 800.–

Differenz = jährliche Ergänzungsleistungen	**Fr. 8 970.–**

Betrag Krankenkassenprämien	
(wird direkt an Krankenkasse gezahlt)	– Fr. 5 640.–
Jährliche EL-Zahlung	**Fr. 3 330.–**
Monatliche EL-Zahlung	**Fr. 278.–**

EL-Beträge werden immer auf den nächsten Franken aufgerundet.

Der Lebensbedarf

Der sogenannte Lebensbedarf ist eine Pauschale für die allgemeinen Haushaltskosten – wie Essen, Kleider, Kommunikation, Energie, Verkehr, Freizeit, Versicherungen, Steuern. EL-Bezüger, die selbständig leben, können ihn geltend machen.

Der Betrag, den die EL-Stelle für den jährlichen Lebensbedarf in die Berechnung einsetzt, ist unterschiedlich hoch, abhängig von Ihrer familiären Situation (Stand 2021):
- Alleinstehende: 19 610 Franken
- Ehepaare und Paare in eingetragener Partnerschaft: 29 415 Franken
- für Kinder über 11 Jahre: 10 260 Franken, für die ersten beiden Kinder der volle Betrag, für zwei weitere Kinder je zwei Drittel und für die übrigen ein Drittel
- für Kinder unter 11 Jahren: 7200 Franken, für jedes weitere Kind reduziert sich der Betrag um einen Sechstel des vorangehenden Betrags bis zum 5. Kind

Der Lebensbedarf wird in der Regel alle zwei Jahre an die Teuerung angepasst, und zwar zusammen mit den Renten der AHV und der IV. Die letzte Teuerungsanpassung wurde per Januar 2021 vorgenommen; die aktuellen Zahlen finden Sie jeweils unter www.ahv-iv.ch (→ Merkblätter & Formulare → Merkblätter → Ergänzungsleistungen zur AHV und IV → Merkblatt 5.01).

TIPP *Der Lebensbedarf bei den Ergänzungsleistungen ist knapp bemessen. Wie Sie Ihr Geld am besten einteilen und budgetieren, lesen Sie auf Seite 139.*

Ihr eigener Lebensbedarf

19 610 Franken Lebensbedarf erhalten allein lebende EL-Bezüger, zusammen 29 415 Franken verheiratete oder in eingetragener Partnerschaft lebende Paare.

Den Singleansatz erhalten ledige, geschiedene, getrennte und verwitwete Personen. Eheleute gelten als getrennt, wenn sie gerichtlich getrennt sind, wenn ihre Scheidungs- oder Trennungsklage hängig ist oder wenn sie mindestens ein Jahr getrennt gelebt haben.

Auch wer im Konkubinat oder in einer Wohngemeinschaft lebt, erhält 19 610 Franken – eine Ungleichbehandlung gegenüber Ehepaaren.

> **INFO** *Als alleinstehend gelten Sie auch, wenn Ihr Ehemann, Ihre Ehefrau im Heim lebt und Sie noch in der Wohnung bleiben. Dann wird die EL für Sie und Ihren Partner, Ihre Partnerin je separat berechnet (siehe Seite 52).*

> **URTEIL** *Unverheiratete gelten als «alleinstehend»: Ein IV-Rentner lebt mit seiner Mutter und seiner Schwester zusammen in einer Wohngemeinschaft. Das Sozialversicherungsamt hat seinen Lebensunterhalt bei den Ergänzungsleistungen wegen dieser häuslichen Gemeinschaft um 4822 Franken jährlich gekürzt. Das EL-Gesetz sah für Alleinstehende 19 290 Franken (2016) Lebensbedarf vor. Dabei ist nicht geregelt, ob die Personen in einer Wohngemeinschaft, einem Konkubinat oder alleine leben. Das Bundesgericht stützt in seinem Entscheid das Gesetz, indem es sagt, dass der Gesetzgeber hier keine Rechtsfrage übersehen hat, sondern die Aussage stillschweigend duldet – damit bleibt für das Gericht kein Raum zu einer Lückenfüllung. In diesem Sinne erhält der EL-Bezüger trotz Wohngemeinschaft den Lebensbedarf von 19 290 Franken (2016) für Alleinstehende rückwirkend (142 V 402).*

Zusätzlicher Betrag für die Kinder

Der Lebensbedarf für Kinder wird eingerechnet bei EL-Bezügern, die mit ihren Kindern zusammenleben. Dabei ist es egal, ob diese minder- oder volljährig sind – die Eltern müssen aber unterhaltspflichtig sein oder die Kinder eine Kinder- oder Halbwaisenrente beziehen. Die Beträge für Kinder über 11 Jahre betragen 10 260 Franken, für unter 11-jährige 7200 Franken. Jedes weitere Kind reduziert den Betrag (siehe Seite 36).

◆ **ANNA UND FRITZ B. SIND VERHEIRATET** und haben drei Kinder im Alter von 2, 4 und 7 Jahren. Für Herr und Frau B. werden folgende Beträge eingesetzt:
- der Lebensbedarf für Ehepaare: 29 415 Franken
- für das 1. Kind 7200 Franken
- für das 2. Kind 6000 Franken
- für das 3. Kind 5000 Franken

Insgesamt also 46 615 Franken Lebensbedarf pro Jahr.

Leben die Kinder allein, haben sie Anspruch auf den Lebensbedarf für Alleinstehende, also auf 19 610 Franken. Bezieht ein Kind eine Waisenrente, kann es selber einen Antrag auf Ergänzungsleistungen stellen. Erhält es eine Kinderrente zur AHV- oder IV-Rente des Vaters bzw. der Mutter, muss der Elternteil, der die Hauptrente bezieht, den Antrag auf EL stellen – auch für ein allein lebendes Kind.

Unter Umständen mischt sich die EL-Stelle aber ein, wenn Kinder von EL-Bezügern zu Hause ausziehen und EL beziehen wollen, wie das folgende Urteil zeigt:

❗ **URTEIL** *Einer Studentin, die eine Halbwaisenrente bezieht, wurde zugemutet, dass sie während des Studiums beim Vater* lebt. Sie hat einen Pendelweg von einer halben Stunde vom Haus des Vaters bis zum Studienort. Im Sinne der Schadenminderungspflicht könne die Studentin zu Hause wohnen bleiben. Ein Pendelweg von einer halben Stunde ist für Studierende durchaus üblich, und eine EL-Bezügerin soll gegenüber anderen Studierenden nicht bevorteilt werden. Die Berücksichtigung einer eigenen Wohnung in der Berechnung der Ergänzungsleistungen wurde abgelehnt (9C_429/2013 vom 23.10.2013).

Die Wohnkosten

Die Wohnkosten machen einen gewichtigen Posten in jedem Budget aus. Bei den Ergänzungsleistungen sind sie nicht etwa im allgemeinen Lebensbedarf inbegriffen, sondern werden separat berücksichtigt. Wie gerechnet wird, erfahren Sie auf den folgenden Seiten.

Je nachdem, ob ein EL-Bezüger, eine EL-Bezügerin zur Miete wohnt, ein Haus oder eine Wohnung besitzt oder in einem Heim lebt, gelten andere Regeln. Allerdings gibt es bei allen Wohnformen klare Limiten.

Wohnen in einer Mietwohnung

Wohnen Sie zur Miete, wird Ihr Mietzins in der EL-Berechnung berücksichtigt – allerdings nur bis zu einem Maximum. Mit der EL-Revision 2021 wurde die Schweiz in drei Regionen eingeteilt: Das Maximum für eine Person der Region 1 beträgt 1370 Franken, der Region 2 1325 Franken, der Region 3 1210 Franken pro Monat. Weitere Beträge siehe unten stehende Box. Auch mit diesem Mietzinsbeitrag werden noch viele Menschen mit EL Mühe haben, eine entsprechende Wohnung zu finden. Wer eine teurere Wohnung hat, muss aus dem Lebensbedarf Geld abzwacken, um die Miete zu bezahlen.

Höhere Mietkosten werden einzig bei Personen berücksichtigt, die auf eine rollstuhlgängige Wohnung angewiesen sind. Für sie wird der monatliche Höchstbetrag um 500 Franken erhöht.

DIE NEUEN MIETZINSMAXIMA
Mit der Reform der Ergänzungsleistungen gelten neue monatliche Mietzinsmaxima.

	Grosszentren Region 1	Stadt Region 2	Land Region 3
1 Person Grundbetrag	Fr. 1 370.–	Fr. 1 325.–	Fr. 1 210.–
2 Personen	Fr. 1 620.–	Fr. 1 575.–	Fr. 1 460.–
3 Personen	Fr. 1 800.–	Fr. 1 725.–	Fr. 1 610.–
4 Personen	Fr. 1 960.–	Fr. 1 875.–	Fr. 1 740.–

Zusätzlich zu diesen Aufschlägen haben die Kantone die Möglichkeit, die Mietzinsmaxima nochmals um 10% zu erhöhen, aber auch um 10% zu senken.

Zu welcher Region Ihre Gemeinde gehört, finden Sie unter dem folgenden Link: www.bsv.admin.ch (Sozialversicherungen → EL → Grundlagen & Gesetze → Grundlagen → Mietkosten in den EL).

⚠️ **URTEIL** *Einer IV-Rentnerin mit Muskelerkrankung wurde die Miete einer Garage nicht als EL-Mietausgabe anerkannt. Dies, obwohl die Frau wegen ihrer Behinderung kaum öffentliche Verkehrsmittel benutzen konnte und daher dringend auf das Auto angewiesen war. Das Bundesgericht argumentierte, die Garage sei kein Bestandteil des Wohnens. Da die Betroffene die im Betrag für den Lebensbedarf berücksichtigten öffentlichen Verkehrsauslagen nicht benötige, könne sie damit die Kosten des Autos und der Garage finanzieren (9C_69/2013 vom 9.8.2013).*

Für den Höchstbetrag des Mietzinses sind ab 2021 die Region und die Anzahl Personen massgebend, für die eine gemeinsame EL-Berechnung erfolgt. Für einen IV-Rentner, seine Ehefrau und seine zwei Kinder mit einem Anspruch auf eine Kinderrente gilt somit z. B. in einem Zentrum wie Zürich neu ein Höchstbetrag von 1960 Franken im Monat, also viel mehr als die bisher 1250 Franken. Hat diese Familie jedoch einen tieferen Mietzins als den Höchstbetrag zu bezahlen, wird der tiefere Zins angerechnet. Leben weitere Personen im gleichen Haushalt, die nicht in die gemeinsame EL-Berechnung einbezogen werden, werden diese beim massgebenden Höchstbetrag für den Mietzins nicht berücksichtigt.

Zum Beispiel: Lebt eine EL-Bezügerin mit ihrem in ihre EL-Berechnung einbezogenen Kind und ihrem Konkubinatspartner im gleichen Haushalt, ist für den Höchstbetrag von einem Haushalt von zwei Personen auszugehen, der Konkubinatspartner wird für den Höchstbetrag somit nicht berücksichtigt. In der Region 1 würde der Höchstbetrag der EL-Bezügerin somit 1620 Franken im Monat betragen.

Leben mehrere Personen mit je eigenem EL-Anspruch in einer Wohngemeinschaft, gilt für jeden einzelnen EL-Bezüger die Hälfte des Höchstbetrags für einen Zweipersonenhaushalt. Zum Beispiel gilt somit in der Region 1 für jede dieser Personen ein Höchstbetrag von 810 Franken im Monat, in der Region 2 von 788 Franken im Monat und in der Region 3 von 730 Franken im Monat.

Wichtig: Bewohnen mehrere Personen die gleiche Wohnung, ist in einem ersten Schritt stets festzulegen, welcher Anteil des Gesamtmietzinses auf die EL-berechtigte Person fällt und welcher Anteil auf Personen, die nicht in die EL-Berechnung eingeschlossen sind. Lebt z. B. eine IV-Rentnerin mit Anspruch auf EL mit einem Konkubinatspartner zusammen, dann ist nur der auf die EL beziehende IV-Rentnerin entfallende Mietzins anrechenbar. In der Regel wird der anrechenbare Mietzins ermittelt, indem der Gesamtmietzins nach Köpfen aufgeteilt wird. Benutzt eine Person jedoch nachweislich einen grösseren Anteil der Wohnung, als sich nach ihrem Kopfanteil ergäbe, so kann von diesem Grundsatz abgewichen werden. Erst wenn der massgebende anrechenbare Mietzins festgelegt ist, wird geprüft, welcher Mietzins massgebend ist.

Wie werden die Nebenkosten angerechnet?

In den meisten Mietverträgen werden die Nebenkosten für Heizung, Hauswartung, Treppenreinigung, Wasser etc. über Akontozahlungen eingezogen. Als Mieter zahlen Sie monatlich Ihren Teilbetrag an die Nebenkosten, der Vermieter erstellt zum Ende der Heizperiode eine detaillierte Abrechnung, und Sie müssen entweder nachzahlen oder erhalten einen Überschuss zurück.

Für die Ergänzungsleistungen wird die Bruttomiete berücksichtigt, also die Miete mit den Akontobeiträgen. Sie können am Ende der Heizperiode keine Nachzahlungen verlangen, Überschüsse müssen Sie aber auch nicht zurückgeben. Deshalb sind EL-Bezüger darauf angewiesen, dass der Vermieter die Akontozahlungen für die Nebenkosten möglichst genau – oder sogar etwas grosszügiger – berechnet.

> **TIPP** *Falls Ihre Akontozahlungen eher zu tief sind, bitten Sie den Vermieter, die Beträge den effektiven Kosten anzupassen. Dann müssen Sie am Ende der Heizperiode keine hohen Nachzahlungen leisten.*

Müssen Sie Ihre Wohnung oder Ihr gemietetes Haus selber beheizen, z. B. mit Holz oder Strom? Kommen Sie selber für die Heizkosten Ihres Mietobjekts auf? Dann können Sie als Nebenkosten die Pauschale für Heizkosten geltend machen, diese beträgt 1260 Franken jährlich.

Wie finden EL-Bezüger bezahlbare Wohnungen?

Vor allem in Grossstädten, aber zunehmend auch auf dem Land ist es für EL-Bezüger nicht einfach, eine Wohnung zu finden. Bezahlbare Wohnungen werden oft unter der Hand weitergegeben. Fragen Sie deshalb in Ihrem Bekanntenkreis herum und bitten Sie, Ihr Anliegen weiterzuleiten. Auf sozialen Netzwerken hat die Suche eine grosse Streuwirkung – versuchen Sie es!

Noch immer finden sich auch in regionalen Anzeigern Inserate für Wohnungen, ebenso an Suchwänden im Supermarkt, im Gemeinschaftszentrum und an anderen ähnlichen Orten. Bezahlbaren Wohnraum bieten zudem Genossenschaften an, viele davon in grösseren Städten. Und natürlich werden Sie auch auf den üblichen Wohnungssites im Internet suchen (Links siehe Kasten Seite 44).

Die Pro Senectute für AHV- und die Pro Infirmis für IV-Rentner helfen aktiv bei der Wohnungssuche und geben Ihnen auch Tipps für den Umzug. Für Behinderte, die eine rollstuhlgängige Wohnung suchen, bietet die Procap Schweiz Beratung und Vermittlung von rollstuhlgerechten Wohnungen. Auch die kommunalen Sozialdienste können im Rahmen der persönlichen Hilfe weiterhelfen, wenn Ihnen der Umzug zu viel wird oder Sie partout keine Wohnung finden.

> **TIPP** *Weil die Wohnungen besonders in Grossstädten für EL-Bezüger nahezu unbezahlbar sind, leisten verschiedene Städte Zuschüsse zu den Ergänzungsleistungen – zum Beispiel kantonale Zusatzleistungen, Beihilfen oder Gemeindezuschüsse. Erkundigen Sie sich bei Ihrer Ausgleichskasse (Adressen im Anhang) oder bei der AHV-Zweigstelle.*

LINKS ZU WOHNUNGEN

Häufig genutzte Wohnungssites
- www.homegate.ch
- www.immoscout.ch
- www.comparis.ch
  (→ Immobilien)

Wohnbaugenossenschaften
- www.wbg-schweiz.ch

AHV-, IV-Rentner und Behinderte
- www.prosenectute.ch
- www.proinfirmis.ch
- www.procap.ch (→ Wohnen)

Wohnen im Eigenheim

Viele Menschen sind überzeugt, dass man als Eigenheimbesitzer sowieso keine Ergänzungsleistungen erhält. Das ist falsch. Zwar wird das Vermögen, das im Haus oder in der Wohnung steckt, bei der Berechnung der EL berücksichtigt. Doch erstens wird die Liegenschaft nur zum Steuerwert eingesetzt, und zweitens gibt es einen grosszügigen Freibetrag. Ziel des Gesetzgebers war es, dass auch EL-Bezüger möglichst lange im eigenen Zuhause leben können.

Als Hausbesitzer oder Wohnungseigentümerin können Sie in Ihrem Antrag auf Ergänzungsleistungen grundsätzlich folgende Positionen geltend machen:
- Eigenmietwert der Liegenschaft
- Nebenkosten
- Hypothekarzins

OLGA UND ROLAND D. wohnen in ihrem eigenen Haus, das einen Steuerwert von 120 000 Franken hat. Der Hypothekarzins beläuft sich auf 8400 Franken pro Jahr. Auf verschiedenen

Bankkonten haben Herr und Frau D. 60 000 Franken liegen. Ihre AHV- und Pensionskassenrenten betragen total 29 600 Franken pro Jahr. Mit diesen Zahlen erhalten die beiden pro Monat 734 Franken EL (Berechnung siehe Kasten Seite 46) und können im Haus wohnen bleiben. Der Betrag für die Krankenkassenprämien wird direkt an ihren Krankenversicherer überwiesen.

Eigenmietwert und Steuerwert
Wie Sie in der Berechnung sehen, fliesst der Eigenmietwert Ihrer Liegenschaft in die EL-Berechnung ein – bei einer selbst bewohnten Liegenschaft sowohl bei den Einnahmen wie bei den Ausgaben (Ausgleich). Die Höhe dieses Eigenmietwerts finden Sie auf der Steuereinschätzung Ihres Eigenheims. Darin sehen Sie auch den kantonalen Steuerwert, der in der Vermögensrechnung der EL berücksichtigt wird. Je nach Kanton hat dieser Steuerwert unterschiedliche Namen: Katasterwert, amtlicher Wert oder massgebender Verkehrswert für die Steuern. Er liegt oft einiges tiefer als der mögliche Verkaufswert der Liegenschaft (Verkehrswert).

Nebenkosten, Hypothekarzins und Gebäudeunterhalt
Für Liegenschaftsaufwände wie Heizung, Wasserkosten und Anschlussgebühren wird eine Pauschale von 2520 Franken eingesetzt – diese gilt für Einzelpersonen wie für Ehepaare. Eigenmietwert und Nebenkostenpauschale zusammen dürfen aber den Höchstwert für Mietzinsabzüge nicht überschreiten (siehe auch Seite 40, Tabelle Mietzinsmaxima).

Der Hypothekarzins kann zusammen mit den Gebäudeunterhaltskosten abgezogen werden, allerdings maximal bis zur Höhe des Eigenmietwerts. Damit wird verhindert, dass hohe Hypothekarschulden über die Ergänzungsleistungen finanziert werden. Wer sein Haus mit sehr hohen Schulden belastet hat, kann wegen dieser Begrenzung unter Umständen gezwungen sein, es zu verkaufen.

EL-BERECHNUNG FÜR OLGA UND ROLAND D.

Jährliche Ausgaben

Lebensbedarf	Fr. 29 415.–
Eigenmietwert	Fr. 9 513.–
Nebenkosten	Fr. 2 520.–
Hypothekarzins	Fr. 8 400.–
Betrag Krankenkassenprämien	Fr. 11 400.–
Total Ausgaben	**Fr. 61 248.–**

Jährliche Einnahmen

AHV-Rente		Fr. 25 000.–
Pensionskassenrente		Fr. 4 600.–
Eigenmietwert		Fr. 9 513.–
Vermögen*	Fr. 180 000.–	
Freibetrag	– Fr. 50 000.–	
Freibetrag für Haus	– Fr. 112 500.–	
Vermögen für EL	Fr. 17 500.–	
davon 1/10 als Vermögensverzehr		Fr. 1 750.–
Vermögensertrag		Fr. 180.–
Total Einnahmen		**Fr. 41 043.–**

Differenz = jährliche Ergänzungsleistungen Fr. 20 205.–

Pauschalbetrag Krankenkassenprämien
(wird direkt an Krankenkasse gezahlt) – Fr. 11 400.–
Jährliche EL-Zahlung **Fr. 8 805.–**
Monatliche EL-Zahlung **Fr. 734.–**

*Nettovermögen nach Schuldenabzug. Mehr zur Anrechnung des Vermögens auf Seite 89.
EL-Beträge werden immer auf den nächsten Franken aufgerundet.

Für die Gebäudeunterhaltskosten – Reparaturen, gleichwertiger Ersatz von Küchengeräten und anderen Installationen – gilt derselbe Pauschalabzug, den Sie in Ihrem Kanton in der Steuererklärung geltend machen. In den meisten Kantonen beträgt dieser Abzug 10 Prozent des Eigenmietwerts, wenn die Liegenschaft weniger als zehn Jahre alt ist, für ältere Liegenschaften 20 Prozent. Welche Abzüge in Ihrem Kanton gelten, erfahren Sie bei der EL-Stelle oder bei der kantonalen Steuerverwaltung.

TIPP *Für EL-Bezüger ist es sinnvoll, die Hypotheken nicht ganz zurückzuzahlen. Sonst ist unter Umständen zu viel Vermögen vorhanden, das bei der EL-Berechnung berücksichtigt wird. Zudem kann man dann auch keinen oder nur wenig Hypothekarzins bei den Ausgaben geltend machen.*

URTEIL *Ein EL-Bezüger lebt im Haus seiner Partnerin. Ihm wird ein Mietzins zugestanden. Er beantragte jedoch zusätzlich Gebäudeunterhaltskosten. Das Gericht hält jedoch fest, dass nur die tatsächlichen Eigentümer einer Liegenschaft den Unterhalt geltend machen können (BGE 9C_862/2013 vom 19. 2. 2014).*

Vermögensfreibetrag fürs selbst bewohnte Eigenheim

Vermögen wird in die EL-Berechnung einbezogen – der Vermögensertrag wie auch ein gewisser Vermögensverzehr gelten als Einnahmen. Neben Ersparnissen, Wertgegenständen etc. gehört zum Vermögen auch das Kapital, das in Ihrer Liegenschaft steckt.

Vom vorhandenen Vermögen wird für alle EL-Bezüger ein Freibetrag abgezogen – für Einzelpersonen sind das 30 000 Franken, für Paare 50 000 Franken. Für EL-Bezüger, die im eigenen Haus, in der eigenen Wohnung leben, wird vom Vermögen ein zusätzlicher Freibetrag von 112 500 Franken abgezogen. Wohnt ein Ehepartner im Heim und der andere noch zu Hause, erhöht sich der Vermögensfreibetrag für die selbst bewohnte Liegenschaft auf 300 000 Franken. Diese zusätzlichen Freibeträge wurden geschaffen, damit EL-Bezüger mit einem ausgewogen finanzierten Eigenheim nicht gezwungen sind, ihr Haus zu verkaufen.

Vom Vermögen nach Abzug der Freibeträge wird ein gewisser Anteil als Einkommen angerechnet; bei AHV-Rentnern, die selbständig leben, ist es ein Zehntel (zur Anrechnung des Vermögens siehe Seite 95) – für Herrn und Frau D. also ein Zehntel von 17 500 Franken oder 1750 Franken.

Wohnen im Alters- und Pflegeheim

Heimbewohner verursachen bei den Ergänzungsleistungen die grössten Ausgaben. Aufenthaltskosten von bis zu 12 000 Franken monatlich sind auch für einen ehemals gut verdienenden Rentner nicht mehr aus dem eigenen Sack bezahlbar. In diesem Bereich entwickeln sich die Ergänzungsleistungen quasi zur Schweizer Pflegeversicherung.

> **HANS L. IST NACH EINEM SCHLAGANFALL** ins Altersheim in seinem Dorf umgezogen. Er hat ein Einkommen von 2566.65 Franken monatlich. Schon als er noch in seiner Wohnung lebte, hat er Ergänzungsleistungen bezogen – jetzt werden die Zahlungen massiv erhöht. Sein Heimaufenthalt kostet täglich 182.70 Franken bzw. 5481 Franken pro Monat. Von den Ergänzungsleistungen erhält er 3418 Franken monatlich (siehe Kasten auf der nächsten Seite); der Betrag für seine Krankenkassenprämie wird direkt an den Versicherer überwiesen.

Die Heimkosten

Die Heimtaxe kann sehr teuer werden. Bei hoher Pflegebedürftigkeit müssen Sie mit 7000 bis 10 000 oder gar 12 000 Franken monatlich rechnen. Diese Ausgaben werden anerkannt, sofern das Heim über eine Betriebsbewilligung des Standortkantons verfügt.

> **INFO** *Wie hoch berücksichtigbare Heimkosten in Ihrem Kanton sein können, ist in der Mitteilung 411 des Bundesamts für Sozialversicherungen (BSV) an die AHV-Ausgleichskassen und EL-Durchführungsstellen festgehalten. Sie finden diese Mitteilung unter https://sozialversicherungen.admin.ch/de (→ AHV → Mitteilungen).*

EL-BERECHNUNG FÜR HANS L.

Jährliche Ausgaben

Heimaufenthalt, Tagestaxe Fr. 182.70	Fr. 66 686.–	
Persönliche Auslagen	Fr. 5 119.–	
Betrag Krankenkassenprämien	Fr. 5 700.–	
Total Ausgaben		Fr. 77 505.–

Jährliche Einnahmen

AHV-Rente	Fr. 25 200.–	
Pensionskassenrente	Fr. 5 600.–	
Total Einnahmen		Fr. 30 800.–

Differenz = jährliche Ergänzungsleistungen	**Fr. 46 705.–**
Pauschalbetrag Krankenkassenprämien (wird direkt an Krankenkasse gezahlt)	– Fr. 5 700.–
Jährliche EL-Zahlung	**Fr. 41 005.–**
Monatliche EL-Zahlung	**Fr. 3 418.–**

EL-Beträge werden immer auf den nächsten Franken aufgerundet.

Als Heimtaxe wird immer diejenige des Wohnkantons angerechnet. Was passieren kann, wenn Sie in ein ausserkantonales Heim ziehen, zeigen die folgenden Urteile:

> **URTEILE** *Eine Tessinerin wurde von ihren Töchtern in einem Heim in Wetzikon, ZH, platziert, das täglich 250 Franken kostete. Die maximale Tagestaxe im Kanton Tessin betrug 75 Franken (2011). Das Bundesgericht entschied, dass dieser Demenzkranken maximal die höchste Tagestaxe des Tessins, also 75 Franken, angerechnet werde – die übrigen Kosten blieben unvergütet. Zuständig für die Ergänzungsleistungen bleibt bei Heimbewohnern der ehemalige Wohnkanton (138 V 481).*
>
> ---
>
> *Eine 93-jährige Frau lebte bis zu ihrem Heimeintritt bei ihrer Tochter im Kanton Uri. Der Eintritt ins Altersheim erfolgt im Kanton Zürich.* **Zuständig für die Berechnung und Auszahlung der Ergänzungsleistungen ist der letzte Wohnsitzkanton,** *somit der Kanton Uri. Dies gilt auch, wenn der EL-Anspruch erst während des Heimaufenthalts entstand (142 V 67).*

Tritt jemand ins Heim ein, werden die Kosten für die Wohnung oder das Eigenheim nicht mehr übernommen. Ausnahmen von dieser Regel gibt es, wenn der Partner, die Partnerin noch im gemeinsamen Zuhause bleibt oder wenn es sich um einen vorübergehenden Heimaufenthalt handelt, zum Beispiel für Ferien, Erholung oder zur Entlastung der pflegenden Angehörigen (mehr dazu auf Seite 134).

Mit der EL-Revision 2021: Bisher erhielten Heimbewohner jeweils den Monatsbetrag der Heimrechnung ausbezahlt – neu werden nur noch die effektiven Aufenthaltstage vergütet. Verstirbt beispielsweise eine Person, wird die Rechnung unter Umständen nur bis zum Todestag bezahlt. Die Kosten werden zukünftig direkt dem Heim vergütet und nicht mehr dem EL-Bezüger ausbezahlt.

Ferien vom Heim
Lebt ein Bewohner nicht jeden Tag im Heim, sondern geht er zum Beispiel an den Wochenenden nach Hause oder fährt er in die Ferien, kann die Ausgleichskasse pro nicht im Heim verbrachten Tag 1/20 des monatlichen Mindestbetrags der Altersrente (1195 Franken, Stand 2021) zu den persönlichen Ausgaben hinzufügen. Dieser Betrag ist ein Zustupf an Kost und Logis während der Abwesenheit.

Die persönlichen Auslagen
Heimbewohnerinnen und Heimbewohner erhalten einen Betrag für die persönlichen Auslagen. Wie hoch dieser ist, bestimmt der jeweilige Kanton – die Beträge variieren zwischen 190 Franken (Kanton Tessin) und 540 Franken (Kantone Zug und Zürich) pro Monat. Damit müssen die Heimbewohner für Kleider, Toilettenartikel, Steuern und für weitere Bedürfnisse aufkommen. Die Beträge für Ihren Kanton, Ihre Pflegestufe und Ihre Rente finden Sie ebenfalls in der Mitteilung 411 an die AHV-Ausgleichskassen aufgelistet (siehe Seite 49).

Mein Partner tritt ins Heim ein
Nicht immer sind Eheleute im Alter gleich fit und fähig, ihr Leben selbständig zu meistern. Wenn zum Beispiel die Frau ins Heim eintritt und der Mann noch nicht mitgehen will, wie sieht dann die EL-Berechnung aus? Muss sich der Mann zu Hause einschränken?

OLGA UND ROLAND D. (siehe Seite 44) haben bisher im eigenen Haus gelebt, auch dank der EL, die sie zu ihren Renten erhalten haben. Doch schliesslich kann Herr D. die Pflege seiner dementen Frau nicht mehr übernehmen. Er ist so erschöpft, dass er selber zur Erholung muss. Die Kinder bringen Olga D. in ein Heim. Nach langer Überlegung kommt die Familie zum Schluss, dass es für alle am besten ist, wenn sie dort bleibt. Herr D. möchte aber so lange wie möglich in den eigenen vier Wänden wohnen.

Die EL-Stelle berechnet für Herrn und Frau D. je eine eigene Ergänzungsleistung. Für Frau D. ist es eine Heimberechnung; ihr werden die Heimtaxe, ein Betrag für persönliche Auslagen und der Pauschalbetrag für die Krankenkasse angerechnet (siehe Beispiel von Hans L. auf Seite 48). Abgezogen werden die halben Einnahmen des Ehepaars. Seit der EL-Revision 2021 werden für den Partner im Heim drei Viertel des Vermögens angerechnet und für den Partner zu Hause ein Viertel. Für Roland D. bleibt die bisherige Berechnung bestehen, nach dem Auszug seiner Frau wird aber der Lebensbedarf für eine Person eingesetzt. Weil er nun allein lebt, wird der Vermögensfreibetrag für das Haus auf 300 000 Franken erhöht (siehe Seite 96).

Mein Partner, meine Partnerin kommt ins Tagesheim
Sowohl im Behinderten- wie auch im Altersbereich gibt es Tagesheime. Gedacht sind diese Strukturen als Tagesbeschäftigung und als Entlastung für Angehörige. Oft ist das Tagesheim ein Zwischenschritt vor dem Eintritt in ein Alters- oder Behindertenheim.

Die Finanzierung solcher Tagesheime für EL-Bezüger ist in den meisten Kantonen möglich. Möchten Sie wissen, wie dies in Ihrem Kanton geregelt ist, lassen Sie sich beraten oder sehen Sie im kantonalen Einführungsgesetz zu den Ergänzungsleistungen nach (zu finden in der Gesetzessammlung der Kantone unter www.lexfind.ch).

Krankenkasse, Krankheitskosten und weitere Auslagen

Ein weiterer gewichtiger Ausgabenposten ist die Krankenkassenprämie. Auch sie wird in der EL-Berechnung berücksichtigt. Zudem können Sie zusätzliche Krankheitskosten geltend machen.

Und schliesslich gibt es eine Reihe weiterer Ausgaben, die von den Ergänzungsleistungen anerkannt werden, Alimente zum Beispiel. Zudem müssen EL-Bezüger keine Radio- und Fernsehgebühren bezahlen.

Betrag für die Krankenkassenprämie

Nebst dem Lebensbedarf und den Wohnkosten wird Ergänzungsleistungsbezügern ein jährlicher Betrag für die obligatorische Krankenpflegeversicherung angerechnet. Dieser entspricht der tatsächlichen Prämie, höchstens aber der Durchschnittsprämie der Wohnregion (inkl. Unfalldeckung). Der Pauschalbetrag wird seit Januar 2014 direkt an die Krankenkasse überwiesen – Sie selber erhalten die Ergänzungsleistungen abzüglich dieses Betrags ausgezahlt.

Je nach Kanton und Prämienregion ist der Betrag, den Sie für Ihre Krankenkasse erhalten, unterschiedlich hoch. Die für Ihre Wohnregion massgebenden Durchschnittsprämien finden Sie unter www.admin.ch (→ Bundesrecht → Systematische Rechtssammlung → Landesrecht → Gesundheit – Arbeit – Soziale Sicherheit → Alters-, Hinterlassenen- und Invalidenversicherung → 831.309.1).

⚠ TIPP *Da die effektive Prämie, höchstens aber die durchschnittliche Prämie Ihrer Wohnregion, berücksichtigt wird, lohnt es sich für EL-Bezüger nicht mehr, Sparmodelle abzuschliessen wie z. B. höhere Franchisen.*

⚠ URTEIL *Eine IV-Rentnerin lebt in einem Heim im Kanton Basel-Stadt. Ihr Wohnkanton Solothurn anerkennt bei den Ausgaben seine Krankenkassenpauschale in der Höhe von 4776 Franken. Das Bundesgericht entscheidet, dass der Wohnkanton die Prämie von Basel-Stadt übernehmen muss, in diesem Fall eine Pauschale von 6408 Franken jährlich (9C_312/2016 vom 19.1.2017).*

Die Zusatzversicherungen werden in der EL-Berechnung nicht berücksichtigt. Möchten Sie eine bestehende Zusatzversicherung behalten, müssen Sie diese aus Ihrem Lebensbedarf finanzieren.

⚠ INFO *Pünktlich zum Pensionsalter erhalten Sie von verschiedenen Versicherern sogenannte Pflegeversicherungen angeboten. Diese Produkte versichern eine schwere Pflegebedürftigkeit, die Leistungen erhält man nach einer Wartezeit von 720 Tagen oder zwei Jahren. Doch ist nach dieser langen Wartezeit kaum jemand im geforderten Ausmass pflegebedürftig. Nach zwei Jahren schwerer Pflegebedürftigkeit sind die Betroffenen entweder wieder gesund, in einer tieferen Pflegeklasse oder aber verstorben. Hinzu kommt, dass die EL zusammen mit der Krankenkasse die Pflegekosten von EL-Bezügern jeweils übernimmt. Wenn jemand aber eine Pflegeversicherung hat, die sich an den Kosten beteiligt, verringert sich dadurch der EL-Anspruch. Eine Pflegeversicherung lohnt sich also nicht.*

Krankheits- und Behinderungskosten

Als EL-Bezüger haben Sie sowohl Anspruch auf Ihre monatlichen Ergänzungsleistungen als auch auf die individuelle Rückerstattung Ihrer Krankheitskosten. Unter dem Titel Krankheitskosten übernehmen die Ergänzungsleistungen die Kostenbeteiligung bei der Krankenkasse (Selbstbehalt und Franchise), aber auch Zahnarztkosten, Auslagen für Betreuung zu Hause oder für Hilfsmittel. Diese Auslagen erhalten Sie zurückerstattet, wenn Sie die entsprechenden Belege bei der EL-Stelle einreichen.

Für die jährlichen Krankheits- und Behinderungskosten können die Kantone Höchstbeträge festlegen. Diese dürfen die folgenden Beträge nicht unterschreiten:

- Für alleinstehende und verwitwete Personen sowie Ehegatten von Heimbewohnern: 25 000 Franken
- Ehepaare: 50 000 Franken
- Vollwaisen: 10 000 Franken
- Heimbewohner: 6000 Franken
- bei mittelschwerer Hilflosigkeit: 60 000 Franken
- bei schwerer Hilflosigkeit: 90 000 Franken

Die höheren Grenzwerte für Bezüger von Hilflosenentschädigungen gelten nur für IV-Rentner sowie für Altersrentner, die schon vor der Pensionierung eine Hilflosenentschädigung der IV erhalten haben. Ausserdem sind diese höheren Grenzwerte auf den Pflege- und Betreuungsbereich beschränkt. Zudem müssen sich IV-Rentner ihre Hilflosenentschädigungen, den möglichen Assistenzbeitrag der IV sowie Zahlungen der Krankenkasse für die Pflege anrechnen lassen.

TIPP *Weitere Informationen zur Pflege zu Hause und Hinweise, welche Leistungen über die Ergänzungsleistungen finanziert werden können, finden Sie auf Seite 126.*

❗ URTEILE *Ein IV-Rentner mit einer Entschädigung für schwere Hilflosigkeit forderte vom Kanton Schwyz eine die 90 000 Franken übersteigende Limite für seine Krankheits- und Behinderungskosten. Diese Limite sei eine Ungleichbehandlung gegenüber Heimbewohnern. Sie zwinge ihn, ins Heim zu gehen, wenn er höhere Pflegekosten habe. Das Bundesgericht bestätigte die Schwyzer Krankheitskostengrenze für EL-Bezüger und sah darin keinen Verstoss gegen die Europäische Menschenrechtskonvention (138 I 225).*

*Ein geistig behinderter Versicherter lebt in seiner Wohnung, unterstützt von einer Wohnbegleitung. Die Ausgleichskasse forderte nun, dass die Wohnbegleitung über den **Assistenzbeitrag** anzumelden sei. Das Bundesgericht verneint und sieht keine Pflicht zum Bezug von assistenzbeitragsfähigen Leistungen. Der Versicherte kann weiterhin die Wohnbegleitung über die **Krankheits- und Behinderungskosten** der EL abrechnen und muss nicht Arbeitgeber eines Assistenten werden (9C_596/2017 vom 9. 5. 2018).*

Gehört die Rechnung des Naturheilers zu den Krankheitskosten?

Was die Krankenkassen im Leistungskatalog für die Grundversicherung aufgeführt haben, gilt auch für die Ergänzungsleistungen. Die Krankenkasse bezahlt Behandlungen beim Arzt, einen Spitalaufenthalt in den kantonalen Listenspitälern sowie die anerkannten Medikamente. Zudem werden die folgenden fünf alternativen Heilmethoden aus der Grundversicherung finanziert:

- Homöopathie
- Anthroposophische Medizin
- Neuraltherapie
- Phytotherapie
- Traditionelle Chinesische Medizin

Diese alternativen Heilmethoden werden aber nur bezahlt, wenn sie von einem Arzt mit FMH-anerkannter Zusatzausbildung ausgeführt werden.

Weitere alternative Heilmethoden übernimmt weder die Grundversicherung noch werden sie von der EL finanziert. Einen naturheilkundlichen Therapeuten, eine Naturheilärztin müssen Sie selber oder allenfalls Ihre Zusatzversicherung finanzieren.

Auch Brillen und Kontaktlinsen für Erwachsene werden weder über die Krankenkasse noch über die Ergänzungsleistungen finanziert. Eine Ausnahme bilden Brillen nach Staroperationen sowie sogenannte Lupenbrillen. Allenfalls können Sie bei teuren Brillen einen Antrag auf Fondsgelder stellen (mehr dazu auf Seite 144).

Selbstbehalt und Franchise
Die Krankenkassen rechnen Ihre Gesundheitskosten als erste Versicherung ab und übernehmen Medikamente, Arztbehandlungen, Spitalaufenthalte und vieles mehr. Sie selber bezahlen die Franchise sowie zehn Prozent Selbstbehalt bis maximal 700 Franken jährlich. Wenn Sie EL beziehen, können Sie den Selbstbehalt und die Grundfranchise von 300 Franken einreichen. Bis zu diesen 1000 Franken werden Ihnen die Kosten über das EL-System zurückerstattet.

Haben Sie eine höhere Franchise abgemacht, tragen Sie das Risiko selber. Die Versicherer bieten für Erwachsene neben der Grundfranchise auch Franchisen von 500, 1000, 1500, 2000 und 2500 Franken an. Im Gegenzug bezahlen Sie eine tiefere Prämie, da aber ab 2021 die effektive Prämie respektive höchstens die durchschnittliche Prämie Ihrer Region übernommen wird, lohnt es sich als EL-Bezüger nicht mehr zu sparen.

RENATE E. HAT EINE FRANCHISE von 1500 Franken. Nun muss sie für eine längere Infektbehandlung ins Spital. Die Kosten übersteigen ihre Franchise und den Selbstbehalt von 700 Franken. Über die EL erhält sie lediglich 1000 Franken rückvergütet, 1200 Franken bezahlt sie selber (Franchise von 1500 Franken abzüglich ordentlicher Franchise von 300 Franken).

> **ACHTUNG** *Die Rückvergütung für Selbstbehalte und Franchisen erhalten Sie nur, wenn Sie die Abrechnungen bis spätestens 15 Monate nach Rechnungsstellung des Arztes, Spitals oder der Apotheke an die EL-Stelle weitergeleitet haben. Treffen die Belege zu spät ein, wird Ihnen nichts mehr vergütet.*

Zahnbehandlungen

Auch Zahnbehandlungen werden EL-Bezügern und -Bezügerinnen finanziert. Bedingung ist, dass die Behandlung wirtschaftlich und zweckmässig ist – Ziel ist es, die Kaufähigkeit zu erhalten. Dies geschieht mittels Füllungen und abnehmbarem Zahnersatz. Aufwendige Zahnsanierungen (etwa Implantate) werden meist nur übernommen, wenn es sich um zentral wichtige Zähne handelt. Die EL-Stelle wird in Zusammenarbeit mit ihrem Vertrauenszahnarzt, meist dem Kantonszahnarzt, über eine solche Behandlung entscheiden.

Höhere Zahnarztofferten müssen Sie vorgängig bei der EL-Stelle zur Bewilligung einreichen. Normalerweise gilt dies für Rechnungen ab 3000 Franken. Aber aufgepasst: Einige Kantone fordern bereits ab 1000 Franken Offerten ein – erkundigen Sie sich bei der kantonalen Ausgleichskasse (Adressen im Anhang).

> **TIPP** *Informieren Sie Ihren Zahnarzt, dass Sie EL beziehen. Dann wird er den zahnärztlichen Taxpunkt auf Basis «SUVA-Tarif» ansetzen und Ihnen eine wirtschaftliche, zweckmässige Behandlung vorschlagen.*

Haben Sie das Bewilligungsgesuch vergessen, ist noch nicht unbedingt alles verloren – beachten Sie dazu das folgende Urteil.

⚠ URTEIL *Ein Altersrentner vergass oder wusste nicht, dass er den Kostenvoranschlag für eine teure Zahnsanierung der EL-Stelle hätte einreichen müssen. Er liess seine Zähne für 7775 Franken sanieren. Die EL-Stelle übernahm lediglich 3000 Franken mit dem Argument, dass der Rentner für den Betrag darüber keinen Kostenvoranschlag eingegeben hatte. Der Rentner konnte jedoch mit Fotos und Röntgenbildern belegen, dass die Sanierung wirtschaftlich und zweckmässig gewesen war. Die EL-Stelle musste deshalb für die gesamte Sanierung aufkommen (131 V 263).*

Hilfsmittel

Unter dem Titel Krankheits- und Behinderungskosten bezahlen die EL-Stellen auch Hilfsmittel. Welche Hilfsmittel finanziert werden, ist je nach Kanton unterschiedlich; meist sind es die folgenden:
- Medizinisch notwendige, kostspielige orthopädische Änderungen an Schuhen
- Orthesen
- Hilfsmittel für Blinde und Sehbehinderte
- Hilfsmittel für den Kontakt mit der Aussenwelt, zum Beispiel die Miete für Steuergeräte zur Bedienung des Telefons
- Pflegehilfsgeräte wie Atmungs- und Inhalationsapparate, Krankenheber und Elektrobetten

Erkundigen Sie sich vor der Anschaffung eines Hilfsmittels, was einerseits andere Versicherungen wie die Krankenkasse oder die Unfallversicherung dafür bezahlen und was andererseits Ihr Kanton im Rahmen der Ergänzungsleistungen übernehmen kann. Informationen erhalten Sie bei der Ausgleichskasse (Adressen im Anhang).

Diätkosten

In diesem Abschnitt geht es nur um Diäten, die vom Arzt verschrieben werden – nicht um Schlankheitskuren. Wer nach einer Diät leben muss, hat höhere Lebensmittelkosten als ein gesunder Mensch. Deshalb können EL-Bezüger, die eine Diät einhalten müssen, Mehrkosten von 2100 Franken jährlich geltend machen.

Beachten Sie, dass das Bundesgericht Diabetes mellitus Typ II nicht als ausgewiesene Krankheit für eine Diät akzeptiert – wohl aber Zöliakie, eine schwere Laktoseintoleranz oder auch eine Diät als Folge einer chemischen Empfindlichkeit. Genaueres zu diesen Diäten finden Sie in den folgenden Urteilen:

> **URTEILE** *Ein IV-Rentner aus dem Kanton Schwyz litt unter Empfindlichkeiten auf Umweltchemikalien. Deshalb achtete er darauf, welche Nahrungsmittel er zu sich nahm. Damit diese möglichst umweltschonend angebaut waren, ass er biologisch. Die Ausgleichskasse Schwyz lehnte die Übernahme seiner Diätkosten ab, das Bundesgericht erachtete die Diät bei diesem Versicherten jedoch als lebensnotwendig (8C_346/2007 vom 4.8.2008).*

Ein an Diabetes mellitus Typ II erkrankter Rentner verlangte den EL-Diätzuschlag, da er der Meinung war, mit Diabetes habe er höhere Ausgaben. Das Bundesgericht war jedoch der Auffassung, dass er sich mit einer ausgewogenen Mischkost ernähren könne. Das reiche aus und sei nicht teurer als eine übliche Kost. Konkret rechnete das Gericht vor, dass Kosten im Umfang von 17 Franken täglich entstünden, wenn man sich mit Diabeteskost ernähre. Im Lebensbedarf der EL seien jedoch 18 Franken täglich für Nahrung vorgesehen (P 47/2005 vom 6.4.2006).

Transporte

Die Grundversicherung der Krankenkasse übernimmt von medizinisch nötigen Transporten die Hälfte, maximal jedoch 500 Franken im Jahr. Den Restbetrag solcher Transportkosten können EL-Bezüger über die Krankheitskosten geltend machen. Die meisten Kantone sehen vor, dass Transporte von alten und behinderten Menschen zu Tagesstätten bezahlt werden (zu den Tagesstätten siehe Seite 131). Erkundigen Sie sich bei Ihrer Ausgleichskasse, was Sie abrechnen können (Adressen im Anhang).

Übrige Ausgaben

Nebst dem Lebensbedarf, den Wohn- und den Krankheitskosten werden in die EL-Berechnung auch Alimentenzahlungen und Kosten für die Kinderbetreuung einbezogen. Damit ist die Liste der möglichen Ausgaben der EL abgeschlossen, weitere werden nicht berücksichtigt.

Alimente

Sind Sie Alimentenzahler und haben Anspruch auf Ergänzungsleistungen, werden in Ihrer EL-Berechnung angemessene Unterhaltsbeiträge als Ausgaben anerkannt. Voraussetzung ist, dass die Alimente Ihren aktuellen finanziellen Möglichkeiten entsprechen und dass Sie diese bis zur Anmeldung bei der EL regelmässig bezahlt haben. Was heisst nun angemessene Unterhaltsbeiträge? Die Alimente müssen aufgrund Ihres aktuellen Einkommens, ohne EL-Zahlungen, berechnet sein.

Sind die Alimente zu hoch angesetzt, kann die Ausgleichskasse Sie auffordern, eine Abänderung der Trennungsvereinbarung oder des Scheidungsurteils anzustreben. Möchten Sie keine Abänderung, kann die EL-Stelle nach drei Monaten in der Berechnung trotzdem von herabgesetzten Unterhaltszahlungen ausgehen. Damit wird verhindert, dass überhöhte Alimente über die Ergänzungsleistungen finanziert werden.

URTEIL *Ein AHV-Rentner meldete sich für den EL-Bezug ab Januar 2012 bei der Ausgleichskasse Zürich an. Im Jahr 2012 bezahlte er seiner Ex-Frau 1500 Franken Alimente, wie im*

Scheidungsurteil von 2003 festgelegt. Vor der EL-Anmeldung jedoch hatte er immer nur 500 Franken Unterhalt bezahlt, da er gar nicht mehr hätte aufbringen können. Strittig war, welche Alimentenhöhe nun bei der EL-Berechnung berücksichtigt werden müsse. Das Bundesgericht entschied, dass 500 Franken als Ausgabe einzurechnen seien, da lediglich dieser Betrag regelmässig bezahlt worden war (9C_740/2014 vom 9.3.2015).

Kinderbetreuung

Auch Auslagen für die Kinderbetreuung können berücksichtigt werden. Als Gewinnungskosten, das sind Aufwände, die entstehen, wenn Sie arbeiten. Sie können die Belege der Ausgaben für Horte, Kinderkrippen oder Pflegeplätze einreichen. In diesem Fall kann es sein, dass die Kinderbetreuungskosten von der EL nur bei berufstätigen EL-Bezügern akzeptiert werden.

Seit der EL-Revision 2021 können neu auch Kitakosten übernommen werden, wenn die Eltern aus gesundheitlichen Gründen zur Entlastung auf eine auswärtige Betreuung angewiesen sind. Die EL-Stelle kann dafür ein Arztzeugnis verlangen. Anerkannt werden dabei Kindertagesstätten, schulergänzende Einrichtungen und Tagesfamilien. Kosten für private Betreuung durch Grosseltern, Au-pair oder Babysitter werden nicht übernommen.

Spezialregelung für Radio- und Fernsehgebühren

Die Gebühren der Serafe (ehemals Billag) sind keine eigentlichen Ausgaben in der Ergänzungsleistungsberechnung. Doch als EL-Bezüger oder -Bezügerin können Sie sich von der Gebührenpflicht für Radio- und Fernsehprogramme befreien lassen. Mit dem Wechsel von der Billag zur Serafe ändert sich für bisherige EL-Bezüger nichts. Sie und ihr Haushalt sind weiterhin von Radio- und Fernsehgebühren befreit und bekommen von der Serafe keine Rechnung. Neue Ergänzungsleistungsbezüger können seit 1. Januar 2019 ihre EL-Verfügung bei der Serafe einreichen und werden in der Folge von den Gebühren (ab 2021: 335 Franken pro Haushalt) befreit. Die Bestätigung des EL-Bezugs gilt der Serafe als Gesuch. Diese Befreiung gilt nur für EL-Bezüger, nicht aber für Menschen, die Sozialhilfe beziehen. Sie beziehen die Ergänzungsleistungen seit einiger Zeit, haben das Gesuch aber noch nicht eingereicht? Die Befreiung ist neu auch rückwirkend bis zum 1. Januar 2019 möglich. Ab 2024 wird die rückwirkende Befreiung auf fünf Jahre beschränkt. Weitere Infos findet man auf der Website der Serafe, www.serafe.ch.

Wird Ihr Gesuch bewilligt, werden Sie und die Personen, die in Ihrem Haushalt wohnen, von der Pflicht befreit, Empfangsgebühren für Radio und TV zu bezahlen.

3

EL-Berechnung 2. Teil: die Einnahmen

Die massgebenden Einnahmen im Überblick

Bereits im Ausgabenkapitel haben Sie gesehen, dass Sie Ergänzungsleistungen erhalten, wenn Ihre Einnahmen nicht mehr ausreichen, die minimalen Lebenskosten zu decken. Welche Einnahmen sind nun bei der Berechnung der Ergänzungsleistungen massgebend? Welche Einnahmen bleiben unberücksichtigt? Antworten finden Sie in diesem Kapitel.

Folgende Einnahmeposten fliessen in die Berechnung Ihrer Ergänzungsleistungsansprüche ein:
- Renten (siehe Seite 68)
- Taggelder (siehe Seite 73)
- Erwerbseinkommen (siehe Seite 76)
- Teile Ihres Vermögens (siehe Seite 89)
- Alimentenzahlungen (siehe Seite 99)

Nicht berücksichtigt werden in der EL-Berechnung folgende Einnahmequellen: eine allfällige Hilflosenentschädigung, Assistenzbeiträge, Integritätsentschädigungen, Zuwendungen von Verwandten sowie Sozialhilfeleistungen und Stipendien (mehr dazu auf Seite 101).

Wie die verschiedenen Einnahmen in der EL-Berechnung berücksichtigt werden, sehen Sie im folgenden Beispiel eines alleinstehenden EL-Bezügers, der mehrere Renten bezieht.

GÉRARD J. HAT EINE AHV-RENTE von 1333.35 Franken monatlich, eine Pensionskassenrente von 466.65 Franken sowie eine zehnprozentige Unfallrente von 300 Franken monatlich.

Das reicht ihm nicht zum Leben. Seine Wohnung kostet 1370 Franken pro Monat, für die Krankenkasse zahlt er 510 Franken Prämie. Von den Ergänzungsleistungen erhält er 905 Franken pro Monat, der Betrag für die Krankenkassenprämien wird direkt an die Kasse überwiesen.

EL-BERECHNUNG FÜR GÉRARD J.

Jährliche Ausgaben

Lebensbedarf	Fr. 19 610.–
Bruttomietzins (Maximum Region 1)	Fr. 16 440.–
Betrag Krankenkassenprämien	Fr. 6 120.–
Total Ausgaben	Fr. 42 170.–

Jährliche Einnahmen

AHV-Rente	Fr. 16 000.–
Pensionskassenrente	Fr. 5 600.–
Rente der Unfallversicherung	Fr. 3 600.–
Total Einnahmen	– Fr. 25 200.–

Differenz = jährliche Ergänzungsleistungen	**Fr. 16 970.–**

Betrag Krankenkassenprämien (wird direkt an Krankenkasse gezahlt)	– Fr. 6 120.–
Jährliche EL-Zahlung	**Fr. 10 850.–**
Monatliche EL-Zahlung	**Fr. 905.–**

EL-Beträge werden immer auf den nächsten Franken aufgerundet.

Renten und Taggelder

Ergänzungsleistungen kann erhalten, wer eine Rente der AHV oder der IV oder Taggelder der IV bezieht. Für die meisten EL-Bezügerinnen und -Bezüger stellen die Renteneinnahmen den grössten Posten auf der Einnahmenseite dar. Dabei werden alle Arten von Renten einbezogen.

Als Renteneinnahmen werden sowohl die Renten der 1. Säule, also der AHV und der IV, berücksichtigt als auch die der 2. Säule, also von Pensionskasse, Militär- und Unfallversicherung. Ebenfalls als Einnahmen angerechnet werden Taggelder der Kranken-, Invaliden-, Arbeitslosen- und der Unfallversicherung. Auch Renten der 3. Säule, zum Beispiel Leibrenten, gelten als Einnahmen.

Renten der AHV und der IV

Alle Renten von AHV und IV werden in der EL-Berechnung zu 100 Prozent als Einnahme eingesetzt.

AHV-Rente
Die Höhe der AHV-Rente hängt erstens von der Anzahl der Beitragsjahre und zweitens vom durchschnittlichen Jahreseinkommen ab, das Sie während Ihrer Erwerbszeit verdient haben. Haben Sie mindestens 44 Beitragsjahre lang eingezahlt und das maximale Jahreseinkommen (86 040 Franken, Stand 2021) erreicht, erhalten Sie die Maximalrente von 2390 Franken pro Monat. Die Minimalrente beträgt die Hälfte davon, also 1195 Franken. Diese Beträge gelten aber nur, wenn Sie keine Beitragslücken aufweisen.

⚠️ **TIPP** *Stehen Sie kurz vor der Pensionierung und möchten wissen, wie hoch Ihre AHV-Rente sein wird, können Sie diese von der Ausgleichskasse vorausberechnen lassen. Dies ist ab dem Alter von 40 Jahren grundsätzlich kostenlos möglich. Zuständig ist die Ausgleichskasse, bei der Sie Beiträge bezahlen. Genauere Informationen finden Sie im Merkblatt 3.06 «Rentenvorausberechnung» der Informationsstelle AHV/IV (www.ahv-iv.ch → Merkblätter & Formulare → Merkblätter → Leistungen der AHV).*

Die ordentliche AHV-Rente wird bei Frauen mit 64, bei Männern mit 65 fällig (Stand 2021). Eine Frühpensionierung ist jedoch möglich. Frauen können ihre Altersrente ab 62, Männer ab 63 Jahren vorbeziehen. Dabei wird die Rente aber pro Vorbezugsjahr um 6,8 Prozent gekürzt. Möchten Sie sich frühzeitig pensionieren lassen, müssen Sie dies der Ausgleichskasse rund drei bis vier Monate im Voraus melden.

Wichtig zu wissen: Es spielt keine Rolle, ob Sie Ihre AHV-Rente ab dem ordentlichen Pensionierungsalter beziehen oder sich für den Vorbezug entscheiden. In beiden Fällen haben Sie Anspruch auf Ergänzungsleistungen, sofern Sie die in diesem Ratgeber geschilderten Voraussetzungen erfüllen. Ihr Einkommen ist damit gleich hoch, egal ob Sie sich früher oder später pensionieren (siehe auch Seite 19).

Witwen, Witwer und Waisen
Weniger bekannt ist, dass die AHV neben den Alters- auch Witwen-, Witwer- und Waisenrenten zahlt. Die Abkürzung AHV steht nämlich nicht nur für das Alter, sondern auch für Hinterlassene: AHV = Alters- und Hinterlassenenversicherung.

Witwen-, Witwer- und Waisenrenten der AHV können Menschen erhalten, die entweder den Ehemann, die Ehefrau oder aber einen Elternteil verloren haben. Die Höhe hängt wie bei der Altersrente von der Anzahl Beitragsjahre und dem durchschnittlichen Erwerbseinkommen des Verstorbenen ab:

- Die Witwen- bzw. Witwerrente beträgt 80 Prozent der möglichen Altersrente des Verstorbenen. Das sind bei voller Beitragsdauer mindestens 956 Franken und maximal 1912 Franken (Stand 2021).
- Die Waisenrente beträgt 40 Prozent der möglichen Altersrente des Verstorbenen, bei voller Beitragsdauer also mindestens 478 Franken und maximal 956 Franken.

Renten der IV

Invalidenrenten erhält man, wenn man über längere Zeit zu mindestens 40 Prozent erwerbsunfähig ist und die Eingliederungsmassnahmen der IV nicht oder nur teilweise erfolgreich waren. Die Invalidenversicherung zahlt folgende Renten aus:
- Viertelsrente ab einem Invaliditätsgrad von mindestens 40 Prozent
- Halbe Rente ab einem Invaliditätsgrad von mindestens 50 Prozent
- Dreiviertelsrente ab einem Invaliditätsgrad von mindestens 60 Prozent
- Ganze Rente ab einem Invaliditätsgrad von mindestens 70 Prozent

Auch die Höhe der IV-Rente hängt von der Anzahl Beitragsjahre und vom durchschnittlichen Jahreseinkommen ab. Wie bei der AHV-Rente gilt: Haben Sie bis zum Behinderungszeitpunkt die maximalen Beitragsjahre für Ihren Jahrgang erreicht und ein durchschnittliches Jahreseinkommen von 86040 Franken oder mehr verdient, können Sie maximal 2390 Franken pro Monat erhalten (Stand 2021). Die Minimalrente beträgt 1195 Franken, sofern Sie keine Beitragslücken aufweisen. Von diesen Beträgen erhalten Sie je nach Invaliditätsgrad 25, 50, 75 oder 100 Prozent.

Ab 1. Januar 2022 ist ein stufenloses Rentensystem geplant, damit für IV-Rentner ein grösserer Anreiz besteht, ihre Erwerbstätigkeit

auszubauen. Weitere Informationen finden Sie auf www.bsv.admin.ch
→ Sozialversicherungen → IV → Reformen & Revisionen.

Renten der Pensionskasse

Wer als Angestellter mehr als 21 510 Franken (Stand 2021) jährlich verdient, ist obligatorisch einer Pensionskasse angeschlossen. Auch wenn jemand während mindestens dreier Monate angestellt ist und aufs Jahr umgerechnet die 21 510 Franken verdienen würde, muss der Arbeitgeber ihn oder sie bei der Pensionskasse anmelden.
Pensioniert wird man in der 2. Säule wie bei der AHV als Mann mit 65 Jahren und als Frau mit 64 Jahren (Stand 2021). Ob und ab wann eine frühere Pensionierung möglich ist, hängt vom Reglement der Pensionskasse ab. Die Höhe der Rente ergibt sich aus dem angesparten Altersguthaben, das mit dem sogenannten Rentenumwandlungssatz auf ein Jahr umgerechnet wird.
Bei der Berechnung von Ergänzungsleistungen wird die Pensionskassenrente in der ganzen Höhe berücksichtigt. Dasselbe gilt, wenn jemand eine Invalidenrente der Pensionskasse bezieht. Auch Witwen- oder Waisenrenten der 2. Säule werden eingerechnet.

Unterschiedliche Leistungen je nach Pensionskasse

Es lohnt sich, das Reglement Ihrer Pensionskasse genau zu beachten. Denn das Bundesgesetz über die berufliche Vorsorge gibt nur Minimalbestimmungen vor und überlässt die Detailregelungen den einzelnen Pensionskassen. Viele Vorsorgeeinrichtungen kennen neben den obligatorischen auch sogenannte überobligatorische Leistungen. Diese unterscheiden sich von Kasse zu Kasse.
Deshalb sind das Pensionskassenreglement sowie Ihr Pensionskassenausweis, den Sie jedes Jahr erhalten, wichtige Dokumente. Sie geben Auskunft über Ihren versicherten Verdienst, darüber, wie Ihre

Renten berechnet werden, ob zum Beispiel im Falle Ihres Versterbens Ihr Konkubinatspartner, Ihre Lebensgefährtin eine Rente erhält, wann Sie sich frühestens pensionieren lassen können und wie hoch mögliche Invaliden- und Hinterlassenenrenten sind.

> **❗ ACHTUNG** *Die Pensionskassenreglemente werden laufend den neusten Entwicklungen angepasst. Achten Sie darauf, dass Sie immer die neueste Version griffbereit haben.*

WENN DIE PENSIONSKASSENRENTE GEKÜRZT WIRD

Ist eine Pensionskasse ungenügend finanziert, kann sie ihren aktuellen und künftigen Rentenverpflichtungen nicht mehr nachkommen. Dann spricht man von einer Unterdeckung. Bei Unterdeckung muss die Kasse Sanierungsmassnahmen ergreifen. In einem ersten Schritt werden die Beiträge der aktiven Generation, der Arbeitnehmenden, erhöht oder der Zinssatz wird reduziert. Reicht dies nicht aus, können in einem weiteren Schritt auch die Alters- und Invalidenrenten gekürzt werden. In solchen Situationen müssen alle Versicherten, sowohl aktiv Zahlende wie auch die Rentner, über die Sanierungsmassnahmen umfassend informiert werden.

Eine Kürzung der Pensionskassenrente hat Einfluss auf die Ergänzungsleistungen: Informieren Sie die Ausgleichskasse über die Rentenkürzung. Dann wird der tiefere Betrag in der EL-Berechnung berücksichtigt und Sie erhalten entsprechend mehr Geld: Die Rentenkürzung wird durch die Erhöhung der EL aufgefangen.

Taggelder und Renten der Militär- und der obligatorischen Unfallversicherung

Erkranken Sie während der Militärdienstzeit oder erleiden Sie einen Unfall im Zivilschutz, ist die Militärversicherung zuständig. Passiert ein Unfall während Ihrer Arbeitszeit, kommt die Unfallversicherung des Arbeitgebers für die finanziellen Folgen auf. Die obligatorische Unfallversicherung zahlt auch, wenn Sie in der Freizeit einen Unfall erleiden – vorausgesetzt, Sie haben zum Unfallzeitpunkt bei einem Arbeitgeber mindestens acht Wochenstunden gearbeitet (Nichtbetriebsunfallversicherung, NBU).

Hat ein Unfall – bei der Militärversicherung auch eine Erkrankung während des Dienstes – eine vorübergehende Arbeitsunfähigkeit zur Folge, erhalten Sie von der zuständigen Versicherung ein Taggeld. Dieses beträgt in der Regel 80 Prozent Ihres Verdienstausfalls und wird bis zur vollständigen Genesung ausgezahlt.

Bleibt ein dauernder Gesundheitsschaden zurück, zahlen Unfall- bzw. Militärversicherung eine lebenslängliche Rente aus. Anders als bei der Invalidenversicherung der 1. Säule sind die Renten der Militär- und der Unfallversicherung nicht in Viertels-, halbe, Dreiviertels- und ganze Renten abgestuft, sondern werden prozentgenau ausgezahlt. Je nach dem Grad Ihrer Arbeitsunfähigkeit können Sie zum Beispiel eine Unfallrente von 24 Prozent oder eine Militärversicherungsrente von 71 Prozent bekommen.

Die Höhe der Renten hängt von Ihrem vorgängigen Einkommen ab; sie beträgt 80 Prozent Ihres bisherigen Lohnes (Obergrenze 148 200 Franken, Stand 2021); bei einer Rente von 50 Prozent erhalten Sie also 40 Prozent Ihres früheren Einkommens.

Sowohl die Taggelder wie auch die Renten der Unfall- und der Militärversicherung werden in der EL-Berechnung vollumfänglich als Einnahmen angerechnet. Dies gilt auch für Taggelder einer Krankentaggeld- oder der Arbeitslosenversicherung.

Taggelder der Invalidenversicherung

Auch die Invalidenversicherung zahlt Taggelder aus – zum Beispiel während Sie an einer beruflichen oder medizinischen Massnahme teilnehmen. Voraussetzung ist, dass Sie bereits 18 Jahre alt sind. Das IV-Taggeld beträgt 80 Prozent des bisherigen Lohnes zuzüglich eines Kindergelds.
IV-Taggeldberechtigte, die ihr Taggeld während mindestens sechs Monaten erhalten, können Ergänzungsleistungen beantragen. Das Taggeld wird in der EL-Berechnung vollumfänglich berücksichtigt.

Renten der 3. Säule

Renten werden unter Umständen auch aus der 3. Säule ausgezahlt. Viele Selbständigerwerbende schliessen sich nicht einer Pensionskasse an, sondern sparen in der Säule 3a fürs Alter und versichern auch eine Rente für den Fall von Erwerbsunfähigkeit. Solche Erwerbsunfähigkeitsrenten werden in der EL-Berechnung als Einkommen eingesetzt.

Leibrenten der Säule 3b
Leibrenten kann man bei Versicherern kaufen – entweder mit einer einmaligen Zahlung (Einmaleinlageversicherung) oder mit jährlichen Prämien. Ab dem im Versicherungsvertrag vereinbarten Alter wird aus dem Kapital eine Rente ausgezahlt. Wie bei der Pensionskasse wird das Ersparte mit einem Umwandlungssatz in die jährliche Rente umgerechnet.

TIPP Der Umwandlungssatz der 3. Säule liegt tiefer als bei den Pensionskassen. Es lohnt sich also meistens nicht, das Pensionskassenguthaben zu beziehen und in eine Leibrente zu investieren.

Bei den Leibrenten gibt es zwei Formen: Bei der ersten erhalten Sie eine Rente; im Todesfall fällt das Kapital an den Versicherer. Bei der zweiten Variante erhalten Sie ebenfalls eine Rente, im Todesfall wird das nicht verbrauchte Kapital aber an Ihre Erben ausgezahlt – man nennt dies eine Leibrente mit Rückgewähr. Die Rentenzahlungen bei Leibrenten ohne Rückgewähr sind höher.

Beide Arten von Leibrenten werden bei der EL-Berechnung als Einkommen angerechnet. Bei der Rente mit Rückgewähr wird aber auch das Kapital, das in der Versicherung steckt (Rückkaufswert), als Vermögen berücksichtigt – an sich ein ungewöhnliches Vorgehen. Der Grund liegt darin, dass viele ältere Personen ihr Vermögen in eine Leibrente investierten und dann EL bezogen – mit der Absicht, den Rückkaufswert im Todesfall vererben zu können. So wurde es möglich, Teile des Vermögens an die Erben weiterzureichen und gleichzeitig auf Kosten der EL zu leben. Mit der Anrechnung des Versicherungsrückkaufswerts ist diese Lösung unattraktiv geworden, denn nun unterliegt auch dieses Kapital dem Vermögensverzehr (siehe Seite 95), das zwingt den Inhaber einer Leibrente, den Vertrag aufzulösen und sich den Rückkaufswert auszahlen zu lassen.

ISABELLE M. HAT FRÜHER als Selbständigerwerbende gearbeitet und ein Kapital von 400 000 Franken angespart. Mit 65 kauft sie eine Leibrente mit Rückgewähr. Sie erhält jährlich 13 455 Franken als Rente, die zu 80% als Einnahme in der EL-Berechnung berücksichtigt wird. Zusätzlich wird auch der aktuelle Rückkaufswert (Wert der Police, den sie bei Vertragsauflösung erhalten würde) als Vermögen berücksichtigt – das sind nach einem Jahr Laufzeit 364 000 Franken.

Das Erwerbseinkommen

Nicht alle Bezügerinnen und Bezüger von EL leben lediglich von Rentenzahlungen. Wer zum Beispiel eine Teilrente der IV erhält, ist verpflichtet, die restliche Erwerbsfähigkeit zu nutzen und im Umfang seiner Möglichkeiten ein Einkommen zu erzielen. Das im Rahmen einer Anstellung oder als Selbständiger verdiente Einkommen wird als Einnahme angerechnet.

Verzichten Sie als teilinvalide Person auf einen möglichen Verdienst, wird die Ausgleichskasse diesen dennoch bei der Berechnung Ihrer Ergänzungsleistungen berücksichtigen. Dadurch erhalten Sie weniger Geld – die Details finden Sie auf Seite 79. Zuerst aber ein Beispiel:

PABLO F. IST ALLEINSTEHEND. Er bezieht eine halbe IV-Rente von 983.35 Franken monatlich. Dazu kommt eine Pensionskassenrente von 258.35 Franken. In einem Teilzeitjob verdient er netto 1610 Franken. Das reicht nicht zum Leben. Seine Wohnung kostet 1210 Franken monatlich, die Krankenkassenprämie 476 Franken. Für die EL-Berechnung (siehe Kasten) kann Herr F. von seinem Einkommen Fahrkosten von 560 Franken jährlich abziehen. Er erhält von der EL 616 Franken pro Monat, die Krankenkassenprämien werden direkt an seine Kasse überwiesen.

Faire Lösung: Lohnanrechnung bei den EL

Damit EL-Bezüger motiviert sind, eine Arbeit anzunehmen, wird das erzielte Einkommen nur teilweise berücksichtigt: Die ersten verdienten 1000 Franken pro Jahr gelten als Freibetrag, der keinem EL-Bezü-

EL-BERECHNUNG FÜR PABLO F.

Jährliche Ausgaben

Lebensbedarf	Fr. 19 610.–
Bruttomietzins (Maximum Region 3)	Fr. 14 520.–
Betrag Krankenkassenprämien	Fr. 5 712.–
Total Ausgaben	Fr. 39 842.–

Jährliche Einnahmen

IV-Rente (50 Prozent)	Fr. 11 800.–
Pensionskassenrente	Fr. 3 100.–

Erwerbseinkommen	Fr. 21 000.–	
Beiträge an Sozialversicherungen	– Fr. 1 680.–	
Gewinnungskosten	– Fr. 560.–	
Freibetrag	– Fr. 1 000.–	
Total Erwerbseinkommen	Fr. 17 760.–	
davon anrechenbar 2/3*		Fr. 11 840.–
Total Einnahmen		Fr. 26 740.–

Differenz = jährliche Ergänzungsleistungen   Fr. 13 102.–

Betrag Krankenkassenprämien (wird direkt an Krankenkasse gezahlt)	– Fr. 5 712.–
Jährliche EL-Zahlung	**Fr. 7 390.–**
Monatliche EL-Zahlung	**Fr. 616.–**

* siehe nächste Seite
EL-Beträge werden immer auf den nächsten Franken aufgerundet.

ger angerechnet wird. Vom Einkommen darüber werden zwei Drittel berücksichtigt, der restliche Drittel bleibt den EL-Berechtigten zur freien Verfügung. Einkommen von nicht rentenberechtigten Ehepartnern werden ab der EL-Reform 2021 zu 80% angerechnet. Diese Einkommensanrechnung ist – anders als bei den anderen Sozialversicherungen und bei der Sozialhilfe – grosszügig. Die Regelung soll die EL-Bezüger dazu animieren, eine Beschäftigung zu suchen und damit die Kosten für die Ergänzungsleistungen tief zu halten.

Massgebend für die Berechnung der EL ist bei angestellten Berufstätigen der Nettolohn aus der monatlichen Lohnabrechnung; bei selbständig Erwerbenden stützt sich die Ausgleichskasse auf die Steuerangaben oder legt anhand der Jahresrechnung (Bilanz und Erfolgsrechnung) die privaten Bezüge fest.

INFO *Die Kinderzulagen gelten in der EL-Berechnung nicht als Erwerbseinkommen, das heisst, es wird kein Freibetrag abgezogen, und auch die Zweidrittelregelung greift nicht. Der ganze Betrag wird als Einkommen eingesetzt.*

Gewinnungskosten: Berufsauslagen

Wenn Sie als EL-Bezüger arbeiten, können Sie vom Einkommen Berufsauslagen abziehen. Das funktioniert ähnlich wie bei der Steuererklärung. Allerdings werden lediglich die effektiv anfallenden Kosten für auswärtige Verpflegung, für Fahrten zur Arbeit und für Berufskleider (sofern nicht vom Arbeitgeber bezahlt) berücksichtigt. Sammeln Sie die Belege, da es keine Pauschalabzüge gibt.

Als Fahrkosten werden die Kosten des öffentlichen Verkehrs vergütet. Ist wegen einer Behinderung ein Fahrzeug nötig oder braucht es eines für die Verrichtung der Arbeit, werden auch Fahrzeugspesen vergütet: Pro Kilometer erhalten Sie für ein Auto 70 Rappen vergütet, für ein Motorfahrrad sind es 40 Rappen. Eine arbeitsbedingte auswärtige Verpflegung wird mit 10 Franken pro Essen angerechnet.

Anfallende Kinderbetreuungskosten, zum Beispiel für Krippe, Hort oder eine Pflegefamilie, werden berücksichtigt, wenn sie notwendig sind, damit Sie und/oder Ihre Partnerin, Ihr Partner einer Arbeit nachgehen können. Mit der EL-Revision 2021 wird auch Kinderbetreuung berücksichtigt, die aus gesundheitlichen Gründen erfolgt (siehe auch Seite 62).

> **URTEIL** *Die Kosten für die Stellensuche gelten nicht als Gewinnungskosten. Eine arbeitslose EL-Bezügerin hatte beantragt, dass ihre Aufwendungen für die Stellensuche als Berufsauslagen in die EL-Berechnung einbezogen würden. Das Bundesgericht entschied jedoch, dass die Kosten für Telefongespräche, Bewerbungsschreiben, Fahrten zu Vorstellungsgesprächen etc. keine Gewinnungskosten seien, da ihnen kein eigentliches Erwerbseinkommen gegenüberstehe (P 22/2005 vom 5.8.2005).*

Lohn ohne Geld: das hypothetische Einkommen

Einkommen angerechnet bekommen, ohne dass man tatsächlich Geld verdient? Ja, nämlich dann, wenn die Ausgleichskasse davon ausgeht, dass man mit gutem Willen einen bestimmten Lohn verdienen kann. Dann wird dieser Betrag bei der Berechnung der Ergänzungsleistungen als hypothetisches Einkommen eingesetzt – und das schmälert den EL-Anspruch unter Umständen massiv. Man nennt dies Schadenminderungspflicht der Bezügerinnen und Bezüger; sie müssen alles Zumutbare unternehmen, um die Ergänzungsleistungen möglichst tief zu halten.

Bei folgenden Personen geht die Ausgleichskasse davon aus, dass sie ein hypothetisches Einkommen verdienen können:

- Bezügerinnen und Bezüger einer Teilrente der IV
- Erwerbsfähige Partnerinnen und Partner von EL-Bezügern
- Hinterlassene, die eine Rente beziehen

Oft ist es nicht einfach, das geforderte Einkommen tatsächlich zu verdienen. Eine teilbehinderte Person, vielleicht schon älter, mit schlechter Ausbildung und wenig Berufskenntnissen findet im heutigen Arbeitsmarkt nur schwer einen Job. Können Sie in einer solchen Situation der Ausgleichskasse beweisen, dass Sie sich intensiv um Stellen bemüht und trotzdem nichts gefunden haben, wird diese allenfalls auf die Anrechnung des hypothetischen Einkommens verzichten (siehe Seite 86).

Hypothetisches Erwerbseinkommen bei IV-Rentnern
Das hypothetische Einkommen von IV-Rentnern hängt davon ab, ob jemand eine Viertels-, eine halbe, eine Dreiviertels- oder eine ganze Rente bezieht (siehe Seite 70). Folgende Beträge werden als hypothetisches Einkommen eingesetzt (Stand 2021):
- Viertelsrente: 26 147 Franken
- Halbe Rente: 19 610 Franken
- Dreiviertelsrente: 13 074 Franken
- Ganze Rente: 0 Franken

Dieses Mindesteinkommen müssen IV-Rentner erreichen; verdient jemand weniger, geht die Ausgleichskasse dennoch vom selben Betrag aus. Bis zum 60. Geburtstag wird dieses Mindesteinkommen bei der EL-Berechnung eingesetzt, ab dem Monat nach dem 60. Geburtstag entfällt es. Was Sie tun können, wenn Sie trotz intensiver Suche keine Stelle finden, erfahren Sie auf Seite 85.

> **INFO** *Arbeitet ein IV-Rentner in einer Behindertenwerkstatt, wird nur der wirklich verdiente Lohn berücksichtigt; das hypothetische Einkommen entfällt. Bei Hausfrauen und*

Hausmännern, die vor der IV-Anmeldung nicht gearbeitet haben, bei Heimbewohnern oder Patientinnen in einer psychiatrischen Klinik wird kein hypothetisches Einkommen angerechnet.

Hypothetische Einkommen von Ehepartnern und eingetragenen Partnerinnen

Ist ein EL-Bezüger mit einer gesunden Frau verheiratet – oder lebt eine EL-Bezügerin in eingetragener Partnerschaft –, wird von der Partnerin erwartet, dass sie zum Familieneinkommen beiträgt und allenfalls auch eine neue Erwerbstätigkeit aufnimmt. Das heutige Eherecht geht davon aus, dass beide Seiten entsprechend ihren Möglichkeiten Geld verdienen und so den Unterhalt sichern. Die Ausgleichskasse wird also die Familiensituation beurteilen und der gesunden Partnerin ein hypothetisches Einkommen anrechnen, falls diese nicht oder nicht in ausreichendem Mass erwerbstätig ist.

Diese fiktiven Löhne legt die Ausgleichskasse aufgrund der jeweiligen Situation fest – sie richtet sich dabei nach den durchschnittlichen Löhnen (schweizerische Lohnstrukturerhebung). Die Löhne für den Partner sind deutlich höher als die hypothetischen Einkommen für IV-Rentner (siehe vorangehende Seite). Sie hängen ab von:

- der familiären Situation, insbesondere dem Alter der Kinder
- der Ausbildung
- den Sprachkenntnissen
- dem Gesundheitszustand
- den Jobchancen des Partners, der Partnerin im angestammten Beruf und auf dem aktuellen Arbeitsmarkt

Die fiktiven Löhne des Partners, der Partnerin werden auch nach deren 60. Geburtstag noch angerechnet – im Gegensatz zu den hypothetischen Einkommen bei IV-Bezügern. Die folgenden Urteile zeigen, wie die Schadenminderungspflicht bei Partnern und Partnerinnen von IV- oder AHV-Rentnern durchgesetzt wurde:

⚠ URTEILE *Der Ehemann einer IV-Rentnerin musste seine Bewerbungen monatlich der EL-Stelle einreichen. Diese waren ungenügend, enthielten qualitative Mängel. Sein Motivationsschreiben war immer dasselbe, die Adresse der potenziellen Arbeitgeber notierte er nur handschriftlich. Die EL-Stelle mahnte den Mann erfolglos und setzte in der Folge wieder ein hypothetisches Einkommen ein. Dieses Vorgehen wurde vom kantonalen Versicherungsgericht gestützt (Urteil des Versicherungsgerichts St. Gallen SG – EL 2017/47 vom 31.10.2018).*

Eine Familie erhält aufgrund der halben IV-Rente des Ehemanns Ergänzungsleistungen. Die drei Kinder sind zwischen 12 und 16 Jahre alt. Das Bundesgericht bestätigte das Urteil der Vorinstanz, wonach die Ehefrau eine 50-prozentige Arbeit annehmen musste. Es wurde ein hypothetischer Lohn von 19 499 Franken eingerechnet, den die Frau verdienen könne (9C_916/2011 vom 3.2.2012).

Ein Mann erhielt rückwirkend auf vier Jahre eine IV-Rente sowie Ergänzungsleistungen zugesprochen. Die Sozialversicherungsanstalt setzte für die Ehefrau ein hypothetisches Einkommen von 1227 Franken monatlich ein. Der Rentner bestritt nicht die Höhe des Einkommens, sondern verlangte, dass seiner Frau eine Frist von fünf Monaten eingeräumt werde, damit sie sich in den Arbeitsmarkt eingliedern könne. Das Bundesgericht sah dies anders: Die Frau hätte sich aufgrund der ehelichen Beistandspflicht bereits im Zeitpunkt der IV-Rentenanmeldung vor vier Jahren um eine Stelle bemühen müssen und habe nicht warten dürfen, bis die Sozialversicherungsanstalt sie zur Stellensuche aufforderte (9C_960/2013 vom 29.9.2014).

Die Ehefrau eines IV-Rentners war 63 Jahre alt und hatte schlechte Deutschkenntnisse. In der Vergangenheit hatte sie in der Reinigungsbranche gearbeitet, im Zeitpunkt des Urteils hatte sie ein Arztzeugnis, das ihr eine 100-prozentige Arbeitsunfähigkeit bestätigte. Doch trotz Aufforderung der Sozialversicherungsanstalt hatte sie keine IV-Anmeldung eingereicht. Da die Frau keine erfolglosen Stellenbemühungen vorweisen konnte, war das Gericht der Meinung, es sei ihr zuzumuten, 6000 Franken jährlich zu verdienen (Urteil des Sozialversicherungsgerichts des Kantons Zürich ZL.2013.00087 vom 2.2.2015).

Ein 59-jähriger IV-Bezüger hatte eine halbe Rente. Seine mit 19 Jahren in die Schweiz eingereiste Frau sprach kaum Deutsch. Das Bundesgericht war der Ansicht, dass diese Frau trotz kurzer Schulbildung in der Schweiz als Hilfskraft arbeiten und 50 465 Franken jährlich verdienen könne. Der Rentner machte geltend, er sei auf die Hilfe seiner Frau angewiesen, sie leiste Krankenpflege. Doch auch diese Einwendung blieb unberücksichtigt, da kein Arztzeugnis die Notwendigkeit bestätigte (8C_380/2008 vom 17.9.2008).

Die Kassen gehen nicht davon aus, dass die bisher nicht erwerbstätigen Partnerinnen von einem Tag auf den anderen eine Arbeit finden. Normalerweise erhält man sechs Monate Zeit, sich auf dem Arbeitsmarkt zu orientieren und eine Stelle zu finden. Brauchen Sie Hilfe bei der Stellensuche, können Sie sich beim RAV, dem Regionalen Arbeitsvermittlungszentrum melden (mehr dazu auf der nächsten Seite).

In den folgenden zwei Situationen wird der Partnerin, dem Partner kein hypothetisches Einkommen angerechnet:
- Wenn der behinderte Partner die Hilfe seiner Gattin braucht und diese deshalb keiner Arbeit nachgehen kann. Die Notwendigkeit muss jedoch mit einem Arztzeugnis belegt werden. Bezieht der be-

hinderte Partner eine halbe oder eine ganze Hilflosenentschädigung, geht die Ausgleichskasse automatisch davon aus, dass Pflege nötig ist; die gesunde Ehefrau ist deshalb von der Stellensuche befreit.
- Wenn die Kinder noch sehr klein sind und der behinderte Partner, die behinderte Partnerin sie nicht betreuen kann.

Finden Sie trotz intensiver Suche keine Stelle, können Sie sich bei der Ausgleichskasse melden, und diese kann in dieser Situation auf das hypothetische Einkommen verzichten (siehe Beispiel auf Seite 86).

Hypothetische Einkommen bei Witwen

Frauen, die eine Witwenrente der AHV beziehen, haben Anspruch auf Ergänzungsleistungen, wenn die Rente nicht ausreicht, um den Lebensunterhalt zu finanzieren. Allerdings gehen die EL-Stellen auch bei verwitweten Frauen davon aus, dass sie selber etwas dazuverdienen können – ausser sie müssen minderjährige Kinder betreuen, sind invalid oder bereits über 60 Jahre alt. Folgende fiktive Einkommen werden bei allen anderen Witwen bei der EL-Berechnung berücksichtigt (Stand 2021):
- Witwen bis Ende des 40. Altersjahrs: 39 220 Franken
- Witwen vom 41. bis zum 50. Altersjahr: 19 610 Franken
- Witwen vom 51. bis zum 60. Altersjahr: 13 074 Franken

Witwer erhalten von der AHV sowieso nur dann eine Witwerrente, wenn sie minderjährige Kinder haben. Deshalb stellt sich die Frage des hypothetischen Einkommens bei ihnen kaum.

Hilfe vom RAV bei der Stellensuche

Die Suche nach einer Stelle ist für viele nicht einfach. Behinderte oder auch Witwen nach einer langen Erwerbspause haben es schwer auf dem heutigen Arbeitsmarkt. Hilfe finden Sie bei den Regionalen Arbeitsvermittlungszentren (RAV) der Arbeitslosenversicherung. Die

Beraterinnen und Berater helfen Ihnen, die von der EL-Stelle geforderten Bewerbungen zu formulieren; das RAV kann Ihnen Stellen vermitteln und, falls Sie die Voraussetzungen erfüllen, erhalten Sie auch Arbeitslosentaggelder.

Es gibt drei Möglichkeiten, sich bei der Arbeitslosenversicherung anzumelden:

- Sie haben die Beitragszeit erfüllt, das heisst, Sie haben in den letzten zwei Jahren mindestens zwölf Monate lang Beiträge an die Arbeitslosenversicherung gezahlt. Dann erhalten Sie von der Arbeitslosenkasse 260 Taggelder. Haben Sie 18 Monate Beitragszeit, erhalten Sie bis zu 400 Taggelder. Sind Sie über 55 und haben mindestens 22 Monate Beiträge geleistet, erhalten Sie bis zu 520 Taggelder, vier Jahre vor der Pensionierung sogar maximal 640 Taggelder, die Sie bis zum Erreichen des AHV-Alters beziehen können. Auch IV-Rentner erhalten maximal 520 Taggelder.
- Erfüllen Sie die Beitragspflicht nicht? Zum Beispiel weil Sie krank waren oder als Partnerin eines IV- oder AHV-Bezügers plötzlich gezwungen sind, eine Stelle zu suchen. Dann haben Sie die Möglichkeit, beitragsbefreite Taggelder zu beziehen. In dieser Situation erhalten Sie 90 Taggelder. Die Arbeitslosenversicherung rechnet pro Monat mit durchschnittlich 21,7 Taggeldern – bei 90 Taggeldern erhalten Sie also ungefähr 18 Wochen lang Arbeitslosenentschädigung.
- Bei den Regionalen Arbeitsvermittlungszentren (RAV) können sich alle Arbeitslosen zur Stellenvermittlung melden – selbst wenn sie keinerlei Beiträge eingezahlt haben und auch keinen Anspruch auf beitragsbefreite Taggelder haben. Zwar erhält man in dieser Situation keine Taggelder, aber die RAV-Berater können einem helfen, sich im Arbeitsmarkt zu orientieren. Sie unterstützen die Stellensu-

---

BUCHTIPP

Alles Wissenswerte zur Arbeitslosenversicherung und praktische Tipps zum Umgang mit dem RAV finden Sie in diesem Beobachter-Ratgeber:
Job weg. Wie weiter bei Kündigung und Arbeitslosigkeit?
www.beobachter.ch/buchshop

chenden bei der Bewerbung, weisen ihnen Stellen zu, und allenfalls kann man auch Kurse besuchen. Erkundigen Sie sich beim für Sie zuständigen RAV.

Befreiung vom hypothetischen Einkommen?

Es ist nicht einfach, als Teilrentner, als Witwe oder als Partnerin eines IV-Rentners plötzlich eine neue Stelle zu finden. Viele der Betroffenen waren über längere Zeit nicht im Arbeitsmarkt integriert, eine Behinderung schränkt ihre Stellensuche ein, oder mangelnde Ausbildungs- und Deutschkenntnisse verhindern, dass sie die geforderte Erwerbsmöglichkeit finden.

Sind Sie in dieser Situation? Haben Sie alles unternommen und trotzdem keine Arbeit gefunden? Dann können Sie sich an die Ausgleichskasse wenden und darlegen, welche Bemühungen Sie unternommen haben, um eine Arbeit zu finden. Reichen Sie die Absagen ein, die Sie erhalten haben, und teilen Sie mit, dass Sie trotz intensiver Bemühungen und trotz der Hilfe des RAV keinen Job gefunden haben. Die Ausgleichskasse kann in dieser Situation zu Ihren Gunsten auf die Anrechnung des hypothetischen Einkommens verzichten, und Sie erhalten entsprechend mehr Ergänzungsleistungen.

▶ **TIPP** *Wenn Sie trotz intensiver Bemühungen um eine Arbeit keine Stelle finden, müssen Sie selber aktiv werden und an die Ausgleichskasse gelangen. Die Kasse wird nicht von sich aus das hypothetische Einkommen aus Ihrer EL-Berechnung streichen.*

Die Auflagen der EL-Stelle
Die Ausgleichskasse wird Ihnen weitere Auflagen machen: Sie wird Sie zum Beispiel auffordern, regelmässig Stellen zu suchen, Belege für

Ihre Bemühungen um Arbeit einzureichen oder sich zur Stellenvermittlung beim RAV zu melden.

◉ **BENJAMIN U. IST 55 JAHRE ALT** und bezieht eine halbe IV-Rente. Früher hat er als Chauffeur gearbeitet. Seit er an epileptischen Anfällen leidet, ist dies nicht mehr möglich. Herr U. sucht eine Stelle als Hilfsarbeiter. Die EL-Stelle geht in ihrer Berechnung von einem hypothetischen Einkommen von 19 610 Franken aus; diesen Betrag sollte er verdienen. Doch Herr U. kann keine entsprechende Stelle finden. Und bei der Arbeitslosenversicherung ist er inzwischen ausgesteuert. Er meldet sich bei der Ausgleichskasse und belegt seine Bemühungen um eine Stelle. Darauf streicht die Kasse das hypothetische Einkommen, macht Herrn U. aber zur Auflage, dass er jeden Monat acht qualitativ gute Bewerbungen schreiben und diese der Kasse einreichen muss. Da das hypothetische Einkommen wegfällt, wird seine monatliche EL-Auszahlung erhöht.

Die Auflagen der EL-Stellen in solchen Situationen sind ernst zu nehmen, wie man den folgenden Bundesgerichtsentscheiden entnehmen kann:

❗ **URTEILE** *EL-Zahlungen zur Hilflosenentschädigung werden abgelehnt, da der Versicherte seiner* **Mitwirkungspflicht während der IV-Eingliederung** *nicht nachgekommen ist. So hat er während der Ausbildung zum medizinischen Masseur Prüfungen nicht abgelegt oder war beim Schulunterricht abwesend. Das Bundesgericht sieht die Schadenminderungspflicht verletzt und rechnet dem Versicherten einen möglichen Lohn als medizinischer Masseur bei der EL-Rechnung als Einkommensverzicht ein (BGE 140 V 267).*

───

Ein 56-jähriger IV-Rentner mit einem Invaliditätsgrad von 53 Prozent hatte sich regelmässig um Stellen beworben. Das hypothetische Einkommen wurde ihm deshalb nicht angerechnet. Später hörte der Mann auf, sich zu bewerben, da er dachte, diese «Bewerberei» sei Selbstzweck und überspitzter Formalismus; eine Arbeit zu finden, sei für ihn vollkommen aussichtslos. Das Bundesgericht war jedoch der Meinung, dass man auch im Alter von 56 Jahren und nach vielen erfolglosen Bewerbungsjahren noch Chancen auf einen neuen Job habe, weil sich der Arbeitsmarkt ständig verändere. Das hypothetische Einkommen wurde dem Rentner deshalb wieder angerechnet (Urteil 9C_120 vom 2.3.2012).

Wie wird das Vermögen berücksichtigt?

Eine oft geäusserte Meinung ist: «Wenn ich Vermögen habe, erhalte ich keine Ergänzungsleistungen» oder: «Ich muss mein Vermögen bis zum Freibetrag aufbrauchen, erst dann kann ich mich für EL anmelden.»

Beides ist falsch! Aber seit der EL-Reform 2021 gilt, dass EL-Bezüger ab einem Vermögen von 100 000 Franken für Alleinstehende und 200 000 Franken für Paare (50 000 Franken für Kinder) keine Ergänzungsleistungen erhalten (sogenannte Vermögensschwelle). Dabei wird Vermögen in selbstbewohnten Liegenschaften nicht berücksichtigt.

Hat eine versicherte Person weniger Vermögen als die obigen Limiten, wird das verbleibende Vermögen zwar auf der Einnahmenseite berücksichtigt – aber nur ein Teil davon. Folgende drei Punkte sind dabei wichtig:
- der Ertrag aus dem Vermögen (siehe Seite 95)
- der Freibetrag, der nicht berücksichtigt wird (siehe Seite 95)
- der jährlich neu berechnete Vermögensverzehr (siehe Seite 95)

ANTONIA C. IST 66 JAHRE ALT. Sie wohnt in einer Mietwohnung und bezahlt dafür 1325 Franken monatlich. Als Einnahmen hat sie ihre AHV-Rente von 1250 Franken und eine kleine Pensionskassenrente von 150 Franken. Ihr Vermögen beträgt 99 000 Franken. Davon wird nach Abzug des Freibetrags ein Zehntel bei der jährlichen Ergänzungsleistungsberechnung berücksichtigt (siehe Kasten Seite 90). Antonia C. erhält so monatlich

976 Franken EL ausgezahlt, der Betrag für die Krankenkassenprämien wird direkt an ihre Kasse überwiesen.

EL-BERECHNUNG FÜR ANTONIA C.

Jährliche Ausgaben

Lebensbedarf	Fr. 19 610.–
Bruttomietzins (Maximum Region 2, siehe Seite 40)	Fr. 15 900.–
Betrag Krankenkassenprämien	Fr. 5 880.–
Total Ausgaben	Fr. 41 390.–

Jährliche Einnahmen

AHV-Rente		Fr. 15 000.–
Pensionskassenrente		Fr. 1 800.–
Zinsertrag aus Vermögen		Fr. 99.–
Vermögen	Fr. 99 000.–	
Freibetrag	– Fr. 30 000.–	
Vermögen für EL-Berechnung	Fr. 69 000.–	
davon ¹/₁₀ als Vermögensverzehr		Fr. 6 900.–
Total Einnahmen		Fr. 23 799.–

Differenz = jährliche Ergänzungsleistungen	**Fr. 17 591.–**

Pauschalbetrag Krankenkassenprämien (wird direkt an Krankenkasse gezahlt)	– Fr. 5 880.–
Jährliche EL-Zahlung	**Fr. 11 711.–**
Monatliche EL-Zahlung	**Fr. 976.–**

EL-Beträge werden immer auf den nächsten Franken aufgerundet.

Was zählt bei der EL zum Vermögen?

Bei der Anmeldung für die Ergänzungsleistungen müssen Sie nebst Ihrem Einkommen auch Ihr Vermögen angeben. Dabei geht es um die gleichen Guthaben, die Sie auch in Ihrer Steuererklärung deklarieren müssen:
- Bank- und Postkontoguthaben
- Barvermögen
- Wertschriften
- Rückkaufswerte von Lebensversicherungen oder Leibrentenversicherungen
- Guthaben auf Freizügigkeitskonten, die Sie beziehen können
- Darlehen, die Sie gewährt haben
- Genossenschaftsanteile
- Liegenschaften
- Erneuerungsfonds bei Stockwerkeigentümern
- Motorfahrzeuge
- Wertvolle Kunstgegenstände und -sammlungen
- Unverteilte Erbschaften

Als Vermögenswert geben Sie den Stand Ihres Kontos oder den aktuellen Kurswert Ihrer Wertschriften an. Bei Lebensversicherungen und Leibrentenversicherungen ist der aktuelle Rückkaufswert massgebend.

Vom Vermögen werden Ihre Schulden abgezogen, zum Beispiel Hypothekarschulden, Kredite bei Banken oder Darlehen, die Sie erhalten haben. Auch Steuerschulden sind abzugsfähig.

> **ACHTUNG** *Verschenktes Vermögen wird angerechnet, wie wenn es noch vorhanden wäre. Nur wenn die Schenkung zeitlich zurückliegt, werden pro Jahr 10 000 Franken vom verschenkten Geld nicht mehr berücksichtigt. Die Ausgleichskassen gehen davon aus, dass ein Rentner auch selber jährlich*

10 000 Franken verbrauchen würde. Da sich in diesem Bereich die meisten Fragen ergeben, finden Sie das Thema in einem eigenen Kapitel umfassend behandelt (siehe Seite 107).

Mit der EL-Revision 2021 werden EL-Bezügern neu auch Vermögen angerechnet, die sie übermässig ausgegeben haben. Übermässig heisst dabei mehr als 10% des Vermögens pro Jahr oder sofern das Vermögen unter 100 000 Franken liegt, beträgt der mögliche Verbrauch 10 000 Franken pro Jahr. Verbraucht ein Versicherter mehr, wird ihm das Vermögen angerechnet, als wäre es noch vorhanden (siehe Seite 114).

URTEILE *Ein ehemaliger Sozialhilfebezüger kam ins AHV-Alter. Er beantragte Ergänzungsleistungen. Diese wurden abgelehnt – er habe zu viel Vermögen. Die grundpfandrechtlich gesicherten Sozialhilfeschulden blieben unberücksichtigt. Das Bundesgericht stellt fest, dass eine Schuld nicht fällig sein müsse, um bei der EL-Rechnung abzugsfähig zu sein. Das Gericht berücksichtigt bei diesem Rentner die Sozialhilfeschulden, und der Betroffene hat damit Anspruch auf Ergänzungsleistungen (9C_365/2018 vom 12. 9. 2018).*

Eine geschiedene Rentnerin erhält von ihrem Ex-Mann Ausgleichszahlungen im Umfang von 380 000 Franken, zahlbar in den folgenden Jahren. Die EL-Stelle rechnet den Ausgleich bereits an, dies obwohl die Zahlungen erst später fällig werden. Das Bundesgericht bestätigt das Vorgehen der EL-Stelle, güterrechtliche Auszahlungen sind ab dem Zeitpunkt der Auflösung des Güterstandes zu berücksichtigen; Liquiditätsprobleme des Ehemanns ändern an dieser Ausgangslage nichts (9C_277/2017 vom 27. 10. 2017).

Ein EL-Bezüger wohnt in einer Baugenossenschaft. Sein Anteilschein hat die EL-Stelle als Vermögenswert eingestuft. Dieser

Anteilschein kann ein Mieter einer Wohnbaugenossenschaft jedoch nicht verkaufen, solange er in der Wohnung wohnt. Deshalb hat das Bundesgericht den Genossenschaftsschein in der Höhe von 5500 Franken als nicht anzurechnendes Vermögen zugelassen. Damit erhält der Rentner eine höhere Ergänzungsleistung ausbezahlt (9C_831/2016 vom 11.7.2017).

Ein EL-Bezüger hat einen unverjährten Verlustschein über 110 000 Franken aus dem Jahre 2012. Die Ausgleichskasse Thurgau war der Meinung, dieser Verlustschein sei nicht beim Vermögen abzuziehen. Das Bundesgericht hielt nun fest, dass der Verlustschein als Schuld bei den Vermögenswerten des EL-Bezügers in Abzug zu bringen ist, da ein Verlustschein als Rechtsöffnungstitel gilt und der Gläubiger jederzeit wieder Betreibungshandlungen aufnehmen kann (142 V 311).

Freizügigkeitskonto und Säule 3a

Wenn Sie aus einer Pensionskasse ausscheiden, aber noch nicht pensioniert werden, wird Ihr Alterskapital von der Pensionskasse auf ein Freizügigkeitskonto überwiesen. Solche Freizügigkeitskonten werden bei der EL-Berechnung solange nicht berücksichtigt, als sie nicht bezugsfähig sind. Freizügigkeitskonten kann man nämlich erst fünf Jahre vor dem regulären AHV-Alter auflösen, Frauen also mit 59 und Männer mit 60 Jahren. Ab diesem Zeitpunkt wird das Vermögen auf einem Freizügigkeitskonto in die EL-Berechnung einbezogen.

Dasselbe gilt für Ansprüche aus Konten oder Policen der Säule 3a. Denn auch diese können Frauen mit 59 und Männer mit 60 Jahren beziehen.

Anders wird gerechnet, wenn Sie eine ganze IV-Rente beziehen. Weil Sie dann ein Alterskapital auf einem Freizügigkeitskonto oder in der Säule 3a jederzeit beziehen können, werden diese Vermögenswerte bei den EL angerechnet.

▶ **URTEIL** *Eine Rentnerin erhält eine ganze Rente. Mit einer 100%igen IV-Rente kann sie ihr Freizügigkeitskapital beziehen. Deshalb wird dieses bei der EL-Vermögensberechnung berücksichtigt. Allerdings argumentiert die Rentnerin, dass ihr beim Bezug des Kapitals Steuern anfallen und diese als Schulden abzuziehen seien. Das Bundesgericht schliesst sich dieser Argumentation an. Gleichzeitig hat die Betroffene Sozialhilfeschulden. Diese werden beim Vermögen nicht abgezogen, da die Behörde sie nicht einfordert (140 V 201).*

Liegenschaften

Ein Eigenheim, das Sie als EL-Bezüger zusammen mit Ihrer Familie bewohnen, wird zum Steuerwert eingesetzt (mehr dazu auf Seite 45). Wohnungen und Häuser, auch im Ausland, die Sie nicht selber bewohnen, werden zum aktuell möglichen Verkaufswert, auch Verkehrswert genannt, angerechnet.

Unverteilte Erbschaften

Noch nicht verteilte Erbschaften gelten ab dem Todestag des Erblassers beim Erben als Vermögen. Dies führt vor allem dann zu Schwierigkeiten, wenn die Teilung einer Erbschaft lange hinausgezögert wird. Geht es um grosse Erbschaften, erhält ein EL-Bezüger unter Umständen während langer Zeit kein Geld mehr und ist bis zur Auszahlung der Erbschaft auf eine Bevorschussung durch die Sozialhilfe angewiesen (siehe Seite 149).

▶ **ACHTUNG** *Haben Sie geerbt? Informieren Sie die EL-Stelle auf jeden Fall. Vergessen Sie, das Erbe anzugeben, kann es später zu unliebsamen Rückforderungen kommen (siehe auch Seite 28).*

Der Vermögensertrag

Ihr Vermögen wirft einen Ertrag ab, zum Beispiel den Zins auf Bank- und Postkonten, den Zins einer Obligation oder die Dividende einer Aktie. Dieser Vermögensertrag wird bei der EL-Berechnung als Einnahme eingesetzt.

Besitzen Sie eine Liegenschaft, die Sie vermieten, wird der Nettomietzins als Vermögensertrag bei den Einnahmen dazugerechnet. Haben Sie ein Zimmer Ihrer Wohnung untervermietet, wird die EL-Stelle auch diese Einnahmen als Vermögensertrag betrachten.

Hat ein EL-Bezüger Vermögen verschenkt, wird nicht nur die verschenkte Summe bei der EL-Berechnung berücksichtigt, sondern auch der Ertrag, der aus diesem Vermögen geflossen wäre (mehr zur Anrechnung von verschenktem Vermögen lesen Sie im nächsten Kapitel).

◆ **TIPP** *Bank- oder Verwaltungsspesen, die im Zusammenhang mit der Vermögensverwaltung anfallen, können Sie – nach Vorweisen der Belege bei der EL-Stelle – vom Vermögensertrag in Abzug bringen.*

Vermögensverzehr: So wird das Vermögen angerechnet

Als Erstes wird vom vorhandenen Vermögen ein Freibetrag abgezogen. Dieser Betrag, der bei der EL-Berechnung nicht berücksichtigt wird, ist je nach Familiensituation unterschiedlich hoch:
- Freibetrag für Einzelpersonen: 30 000 Franken
- Freibetrag für Verheiratete und Personen in eingetragener Partnerschaft: 50 000 Franken
- Freibetrag für Waisen und Kinder mit Kinderrente: 15 000 Franken

Zusätzlich zu diesen Beträgen werden EL-Bezügerinnen und EL-Bezügern, die in der eigenen Liegenschaft wohnen, spezielle Freibeträge abgezogen:

- Selbst bewohnte Liegenschaft: 112 500 Franken
- Selbst bewohnte Liegenschaft, wenn der Ehepartner, die Partnerin im Heim lebt, oder beim Bezug einer Hilflosenentschädigung der AHV, der IV, der Unfall- oder der Militärversicherung: 300 000 Franken

Das restliche Vermögen wird in die jährliche Berechnung der Ergänzungsleistungen einbezogen. Man geht davon aus, dass EL-Bezügerinnen und -Bezüger jedes Jahr einen Teil ihres Vermögens für den Lebensunterhalt verbrauchen. Dieser sogenannte Vermögensverzehr ist unterschiedlich hoch, je nachdem, ob jemand eine Rente der AHV oder der IV bezieht und ob er oder sie im Heim oder selbständig wohnt (siehe Kasten unten).

DER VERMÖGENSVERZEHR

$1/10$ für AHV-Rentner

$1/15$ für IV-Rentner

$1/5$ für AHV-Rentner, die im Heim wohnen (Ausnahmen: Kanton BL $1/10$; Kanton GR: erstes Jahr $1/5$, dann $1/10$)

$1/15$ für IV-Rentner, die im Heim oder in folgenden Kantonen wohnen: AG, BE, BL, BS, FR, GR, JU, NW, SZ, UR, VD, ZH; $1/5$ für jene in AI, AR, GL, LU, OW, SH, SO, SG, TG, ZG; $1/8$ für jene in GE; $1/10$ für jene in NE, TI, VS

Detaillierte Informationen zum Vermögensverzehr finden Sie in der Mitteilung 411 des Bundesamts für Sozialversicherungen unter https://sozialversicherungen.admin.ch/de (→ AHV → Mitteilungen).

Bei Antonia C., der selbständig lebenden AHV-Rentnerin aus dem Beispiel auf Seite 89, beträgt der Freibetrag 30 000 Franken, der Vermögensverzehr einen Zehntel. Dieser Vermögensverzehr wird zum Einkommen von Frau C. hinzugeschlagen.

> **TIPP** *Sie sehen, es ist auch mit Vermögen möglich, Ergänzungsleistungen zu beziehen. Sind Sie unsicher, wie sich Ihr Vermögen auf eine mögliche EL-Zahlung auswirkt, können Sie selber eine provisorische Berechnung erstellen. Ein Rechnungstool finden Sie auf der Website der Pro Senectute (www.prosenectute.ch → Dienstleistungen → Finanzen).* Oder Sie lassen sich die möglichen EL von der AHV-Zweigstelle Ihrer Gemeinde berechnen.

Das Vermögen wird angepasst

Wer Ergänzungsleistungen bezieht, kann also sein Vermögen nicht einfach unangetastet lassen. Ein Fünfzehntel bis ein Fünftel pro Jahr – je nach Lebenssituation – wird als Vermögensverzehr zu den Einnahmen gezählt. So zwingt Sie das EL-System, Ihr Vermögen nach und nach für den Lebensunterhalt zu verbrauchen.

Dabei verringert sich Ihr Vermögen natürlich laufend. Die EL-Stelle wird aber nicht jeden Monat, in dem sich Ihr Vermögen verändert, auch den Stand in der EL-Berechnung korrigieren. Sie passt den Vermögensverzehr nur auf Antrag und nur einmal jährlich an.

> **ANTONIA C. AUS DEM BEISPIEL** auf Seite 89 hat zu Beginn ein Vermögen von 99 000 Franken. Daraus errechnet sich für das erste Bezugsjahr bei den EL ein Vermögensverzehr von 6900 Franken. Im folgenden Jahr wird Frau C.s Vermögen neu bewertet. Dann wird sie die 6900 Franken vermutlich verzehrt haben. Vielleicht hat sie aber auch mehr Mittel benötigt, weil sie

sich eine Reise geleistet hat. Oder sie hat weniger verbraucht, weil sie äusserst sparsam lebt. Jedenfalls wird im zweiten Jahr des EL-Bezugs das effektiv vorhandene Vermögen von Frau C. in die EL-Berechnung eingesetzt, aber dazu ist ein Antrag von Frau C. erforderlich. Anders sieht es aus, wenn Antonia C. Vermögen verschenkt hat. Dann wird ihr der verschenkte Teil weiterhin angerechnet (siehe Seite 108). Seit der EL-Revision 2021 wird auch übermässig verbrauchtes Vermögen angerechnet (siehe Seite 114).

❗ INFO *Opfer von Zwangsmassnahmen. Seit 1. Mai 2020 gilt das neue Bundesgesetz über die Aufarbeitung der fürsorgerischen Zwangsmassnahmen und Fremdplatzierungen vor 1981 (AFZFG). Darin festgehalten ist, dass die Beiträge aus dem Solidaritätsfonds zu keiner Reduktion von Sozialhilfe oder Ergänzungsleistungen (EL) führen dürfen. Wichtig dabei ist, dass diese Regelung rückwirkend gilt. EL-Stellen müssen bei Bezügern, deren EL-Betrag wegen der Fondszahlung reduziert wurde, eine Neuberechnung vornehmen. Kommt es zu einem Überschuss, erhalten Sie, als betroffene Person, eine Nachzahlung. Gemäss dem Bundesamt für Sozialversicherungen sollten die Begünstigten eine Information zum neuen Gesetz erhalten und über das weitere Vorgehen informiert werden. Betroffene können sich aber auch selber bei ihrer EL-Stelle melden und eine Neuberechnung verlangen.*

Was gilt für weitere Einnahmen?

Mit den Renten und dem Vermögensverzehr sind die grössten Einnahmeposten berücksichtigt. Daneben können EL-Bezüger noch weitere Einnahmen haben: zum Beispiel Alimente, Hilflosenentschädigung, Unterstützung von Verwandten.

Nicht alle diese Einnahmen fliessen in die Berechnung der Ergänzungsleistungen mit ein. Im Folgenden die wichtigsten Regelungen.

Alimente werden angerechnet

Sowohl Kinder- als auch Ehegattenalimente werden in der Berechnung der Ergänzungsleistungen vollumfänglich als Einnahmen berücksichtigt.

Wenn die Alimente nicht bezahlt werden

Eine EL-Bezügerin kann nicht auf Alimente für sich oder die Kinder verzichten und hoffen, dass die fehlenden Unterhaltsbeiträge über Ergänzungsleistungen aufgefangen werden. Wenn der Ex-Partner seiner Verpflichtung nicht nachkommt, muss man die Alimente einfordern – nötigenfalls mit einer Betreibung. Erst wenn Sie der Ausgleichskasse beweisen können, dass Ihr Ex-Partner trotz aller Bemühungen nicht zahlt bzw. nicht zahlen kann, wird auf die Anrechnung der Alimente verzichtet.

Sind Sie in dieser Situation, erhalten Sie Hilfe von den amtlichen Inkassostellen. Jeder Kanton hat eine Alimenteninkassostelle einge-

ALIMENTENBEVORSCHUSSUNG

Kinderalimente, die der Vater oder die Mutter nicht bezahlt und die sich nicht kurzfristig eintreiben lassen, können in allen Kantonen bevorschusst werden. Das heisst, Sie bekommen die Alimente vom Gemeinwesen ausgezahlt und müssen sie auch nicht mehr zurückzahlen. Der Kanton fordert die ausstehenden Beträge beim Alimentenschuldner ein. Höhe und Dauer der Bevorschussung hängen vom Einkommen und vom Vermögen der Empfängerin ab. Die Berechnung ist je nach Kanton unterschiedlich; Auskunft erhalten Sie bei den kantonalen Sozialämtern (Adressen im Anhang).

richtet – sie ist meist der Kindes- und Erwachsenenschutzbehörde (Kesb), dem Jugendsekretariat oder den Sozialdiensten angegliedert. Die Inkassostelle hilft Ihnen beim Eintreiben der ausstehenden Alimente. Für Kinderalimente ist diese Dienstleistung gratis, für Ehegattenunterhaltsbeiträge zahlen Sie je nach Kanton einen Beitrag. Die Inkassostelle kann an Ihrer Stelle betreibungsrechtlich vorgehen und bei Ihrem Ex-Partner ausstehende Unterhaltsbeiträge eintreiben.

❗ URTEILE *Eine geschiedene IV-Rentnerin hatte seit 1982 auf die Anpassung ihrer Alimente an die Teuerung verzichtet. Ihr Unterhaltsbeitrag betrug seit damals 330 Franken monatlich. Die Sozialversicherungsanstalt passte die Alimente der Teuerung an und kam so auf 570 Franken pro Monat. Dieser Betrag wurde als Einkommen angerechnet, was die EL-Zahlung reduzierte. Das Bundesgericht stützte die Anpassung, denn die IV-Rentnerin hatte es versäumt, die höheren Alimente bei ihrem Ex-Mann einzutreiben (9C_558/2013 vom 12.11.2013).*

Ein IV-Rentner beantragte für den Unterhalt seines Kindes Ergänzungsleistungen. Das Bundesgericht entschied, dass die erwerbs-

tätige Mutter dem Rentner eine Entschädigung für die Kinderbetreuung sowie einen Unterhaltsbeitrag bezahlen müsse. Damit überstieg das Einkommen des Rentners die Ausgaben, er hatte keinen Anspruch auf Ergänzungsleistungen (138 V 169).

Nicht angerechnete Zahlungen von Sozialversicherungen

Es gibt einige Einnahmen, die bei den Ergänzungsleistungen nicht als Einkommen gelten: zum Beispiel Zahlungen von Sozialversicherungen, die für bestimmte Leistungen vorgesehen sind – allen voran die Hilflosenentschädigung und der Assistenzbeitrag.

Hilflosenentschädigung

Hilflosenentschädigung (HE) erhalten Menschen, die bei den alltäglichen Lebensverrichtungen wie Ankleiden, Körperpflege und Essen auf die Hilfe von Mitmenschen angewiesen sind. Zudem gibt es eine Hilflosenentschädigung für Personen, die den Beistand Dritter brauchen, um Kontakte mit ihren Mitmenschen zu pflegen.

Solche HE leisten die AHV, die IV, die Unfall- und die Militärversicherung. Die Zahlungen gelten bei den Ergänzungsleistungen nicht als Einnahmen, da sie Dienstleistungen Dritter finanzieren. Eine Ausnahme von dieser Regel gibt es: Lebt ein EL-Bezüger im Heim und sind in diesem Heim die Pflegekosten in der Taxe inbegriffen, wird die HE als Einkommen angerechnet. Denn in solchen Situationen leistet das Heim die Pflege, für die die HE gedacht ist.

TIPP *IV-Bezüger haben Anspruch auf eine doppelt so hohe Hilflosenentschädigung wie AHV-Rentner. Wenn Sie bereits vor dem AHV-Alter Hilflosenentschädigung beantragen, können Sie den höheren Anspruch mit ins Pensionsalter nehmen.*

Assistenzbeiträge

Der Assistenzbeitrag soll die selbstbestimmte und eigenverantwortliche Lebensführung behinderter Menschen gewährleisten und ihre Integration sowohl in beruflicher wie in sozialer Hinsicht fördern. Assistenzbeiträge erhalten behinderte Menschen, die selbständig wohnen. Mit diesem Beitrag können sie Hilfspersonen anstellen, die sie in ihrem Alltag unterstützen. Wer eine Hilflosenentschädigung der IV erhält und zu Hause lebt, kann zusätzlich Assistenzbeiträge beantragen. Der Assistenzbeitrag deckt folgende Hilfen ab:

- Alltägliche Lebensverrichtungen, zum Beispiel An- und Auskleiden, Aufstehen, Sichsetzen, Sichhinlegen, Essen, Körperpflege, Verrichten der Notdurft, Fortbewegung und soziale Kontakte
- Haushaltsführung
- Teilnehmen am gesellschaftlichen Leben und Freizeit
- Erziehung und Kinderbetreuung
- Berufliche Aus- und Weiterbildung
- Ausübung der Erwerbstätigkeit
- Überwachung während des Tages und Nachtdienste

Voraussetzung für die Auszahlung von Assistenzbeiträgen ist ein Arbeitsvertrag mit einer oder mehreren Assistenzpersonen. Ausgenommen sind aber der Partner, die Partnerin sowie Personen, die mit der betreuten Person in auf- oder absteigender Linie verwandt sind. Wenn also zum Beispiel die Tochter oder die Enkelin Sie betreut, haben Sie keinen Anspruch auf Assistenzbeiträge; hilft Ihnen Ihre Nichte, hingegen schon.

Da der Assistenzbeitrag gezielt für die Anstellung von Hilfspersonen ausgerichtet wird, bleibt er bei den EL unberücksichtigt.

URTEIL *Ein geistig behinderter Versicherter lebt in seiner eigenen Wohnung, unterstützt von einer Wohnbegleitung. Die Ausgleichskasse forderte nun, dass die Wohnbegleitung* *über den Assistenzbeitrag anzumelden sei. Das Bundesgericht verneinte und sieht keine Pflicht zum Bezug von assistenzbeitragsfähigen Leistungen. Der Versicherte kann weiterhin die Wohnbegleitung über die Krankheits- und Behinderungskosten der EL abrechnen und muss nicht Arbeitgeber eines Assistenten werden (9C_596/2017 vom 9.5.2018).*

Integritätsentschädigungen
Integritätsentschädigungen erhalten Unfallopfer, wenn der Unfall zu einer bleibenden Gesundheitsschädigung führt. Es handelt sich dabei um eine einmalige Kapitalzahlung, quasi ein Schmerzensgeld. Solche Entschädigungen werden mitunter auch von der Militär- und von Privatversicherungen oder vom Unfallverursacher gezahlt.

Die Integritätsentschädigung deckt nicht einen Verdienstausfall ab, sondern ist eine Genugtuung für einen erlittenen Schaden. Aus diesem Grund wird diese Leistung in der EL-Berechnung nicht als Einnahme berücksichtigt. Sie wird jedoch nach der Auszahlung als Vermögen betrachtet und unterliegt dem Vermögensverzehr (siehe Seite 95), wenn der oder die Geschädigte das Geld nicht verbraucht.

Zuwendungen von Dritten

Die Einnahmen von EL-Bezügern sind knapp. Ferien oder eine grössere Anschaffung sprengen schnell das Budget. Wenn Sie in einer solchen Situation einen Zustupf von Freunden erhalten, wird dieser bei der EL-Berechnung nicht beachtet. Dasselbe gilt für Zuwendungen von sozialen Hilfswerken, für Stipendien und für Sozialhilfeleistungen.

Beiträge von Verwandten und Freunden
Gelegenheitsgeschenke wie auch eine regelmässige finanzielle Unterstützung von Verwandten bleiben bei den EL unberücksichtigt.

◉ **DIE KINDER VON ROSA F. HOLEN IHRE MUTTER** zu sich in die Nähe. Der monatliche Mietzins für die Stadtwohnung liegt aber einiges über den von der EL zugestandenen 1325 Franken. Die Kinder übernehmen den Mehrbetrag. Diese monatliche Unterstützung wird bei den Ergänzungsleistungen nicht als Einkommen angerechnet.

Zahlungen von Hilfswerken

Hilfswerke unterstützen, wo die EL nicht zahlt: ein dringend benötigter Urlaub, eine Brille, Krankheitskosten, die nicht übernommen werden, oder eine notwendige Anschaffung. Solche Zuwendungen laufen ausserhalb der EL-Berechnung, deshalb werden die monatlichen Ergänzungsleistungen dadurch nicht reduziert. Wo Sie solche Zuwendungen erhalten können, erfahren Sie auf Seite 144.

Stipendien

Stipendien von Kantonen, Gemeinden oder privaten Institutionen für die Finanzierung einer Ausbildung werden bei der EL-Berechnung nicht berücksichtigt.

❗ **URTEIL** *Eine Frau erhielt für das Abfassen ihrer Habilitationsschrift Stipendien. Die Ausgleichskasse wollte einen Teil der Einnahmen als Einkommen anrechnen mit der Argumentation, dass Stipendien den Lebensunterhalt finanzierten wie die Ergänzungsleistungen. Das Bundesgericht verneinte dies, denn im Ergänzungsleistungsgesetz sind Stipendien als «nicht anrechenbar» aufgeführt. Das Gericht war aber der Meinung, dass die Stipendiengeber darauf achten müssten, dass Studierende nicht überentschädigt würden (139 V 453).*

Sozialhilfe

Die Sozialhilfe bildet das unterste Netz der sozialen Sicherheit in der Schweiz. Das Sozialamt zahlt, wenn alle Stricke reissen, wenn keine Versicherung mehr zuständig ist. Auch wenn sich Versicherungszahlungen verspäten, können Sie Sozialhilfe in Anspruch nehmen, zum Beispiel wenn Sie lange auf die EL-Auszahlung warten müssen. Solche Zahlungen gelten jedoch als Vorschuss, den Sie zurückerstatten müssen, wenn die EL ausgezahlt werden.

Sozialhilfeleistungen werden bei den Ergänzungsleistungen nicht als Einnahmen berücksichtigt. Weitere Informationen und Beispiele zum Zusammenspiel von EL und Sozialhilfe finden Sie auf Seite 149.

4

Verschenktes und verbrauchtes Vermögen

Das Vermögen an die Kinder weitergeben?

Lässt sich das mühsam ersparte Eigenheim durch eine Schenkung an die Nachkommen oder einen Erbvorbezug «in Sicherheit» bringen? Und kann man anschliessend Ergänzungsleistungen beziehen? Diese Frage wird an der Hotline des Beobachters häufig gestellt.

Die Antwort lautet: Nein. Das verschenkte Vermögen wird angerechnet, als ob es noch vorhanden wäre.

Mit der EL-Revision 2021 wird neu auch übermässig verbrauchtes Kapital eingerechnet, wie wenn es noch vorhanden wäre. Wann ein Vermögensverbrauch als übermässig erachtet wird, finden Sie auf Seite 114.

Schenkung und Erbvorbezug

Der Wunsch vieler Rentner ist verständlich: Ein Leben lang haben sie gespart und ein bescheidenes Vermögen angehäuft. Gern würden sie es ihren Kindern vererben. Doch die Pflegekosten im Alter drohen, den Sparbatzen in wenigen Jahren zu verschlingen. Da liegt der Gedanke nahe, zum Beispiel das Haus frühzeitig auf die Kinder zu überschreiben und die später nötige Pflege mit Ergänzungsleistungen zu finanzieren.

Doch so einfach lässt sich dies nicht realisieren: Haben Sie Ihr Vermögen oder Teile davon verschenkt, wird dieses Geld – falls Sie EL beziehen wollen – berücksichtigt, wie wenn es noch vorhanden wäre.

Im Fachjargon spricht man von «Vermögensverzicht». Es gibt auch keine Verjährung für verschenktes Vermögen. Selbst wenn Sie Ihr Kapital vor 20 Jahren verschenkt haben, wird es heute angerechnet. Allerdings nicht vollumfänglich: Ab dem zweiten Folgejahr nach einer Schenkung werden pro Jahr 10 000 Franken vom verschenkten Betrag nicht mehr berücksichtigt. Die Ausgleichskassen gehen davon aus, dass ein Rentner selber jährlich 10 000 Franken von seinem Ersparten verbrauchen würde.

ACHTUNG *Diese 10 000 Franken gelten auch, wenn Sie mehrere Personen beschenkt haben. Sämtliche Schenkungen werden zusammengezählt, und dieser Betrag wird ab dem zweiten Folgejahr um jährlich 10 000 Franken reduziert.*

ALS DER MANN VON KATJA T. STARB, war sie 76. Er hat ihr 250 000 Franken hinterlassen. Davon hat sie ihrem Sohn 100 000 geschenkt. Mit 80 kann Frau T. nicht mehr allein leben und tritt ins Pflegeheim ein. Die Kosten von 7000 Franken monatlich übersteigen ihr Budget. Da die Schenkung vier Jahre zurückliegt, werden Frau T. noch 70 000 Franken angerechnet (Reduktion ab dem zweiten Folgejahr: 3 Jahre à 10 000 Franken).

VERMÖGENSBERECHNUNG FÜR KATJA T.

Vermögen		Fr.	150 000.–
Verschenktes Vermögen	Fr. 100 000.–		
Abzug: Fr. 10 000.– ab dem 2. Folgejahr	– Fr. 30 000.–		
Total Vermögensverzicht		Fr.	70 000.–
Bruttovermögen		**Fr.**	**220 000.–**

Bei der EL-Berechnung beträgt ihr Vermögen also noch 220 000 Franken. Bis sich das Vermögen auf 100 000 Franken reduziert hat, wird Frau T. noch keine Ergänzungsleistungen erhalten (EL-Revision 2021). Hätten Herr und Frau T. die 100 000 Franken schon vor zwölf Jahren verschenkt, würde nichts mehr berücksichtigt (Reduktion ab dem zweiten Folgejahr: 10 Jahre à 10 000 Franken).

Das Haus den Kindern verkaufen?

Wenn Eltern das eigene Haus oder die Wohnung frühzeitig an ihre Kinder weitergeben, wird als Kaufpreis selten der aktuelle Marktwert verlangt. Meist handelt es sich um einen Symbolpreis; die Kinder übernehmen die Hypotheken und zahlen den Eltern noch einen kleineren oder grösseren Betrag darüber hinaus. Wie wird ein solcher Verkauf bei der EL-Berechnung berücksichtigt?

Übergeben Sie Ihr Haus den Kindern zu einem Preis, der unter dem aktuellen Marktwert – auch Verkehrswert genannt – liegt, ist eine Schenkung entstanden. Der Schenkungsbetrag ist die Differenz zwischen dem Marktwert und dem Übergabepreis an die Kinder.

JEANNINE UND WALTER B. übergeben ihr zu gross gewordenes Haus der Tochter mit ihrer Familie. Die Eltern ziehen in eine Mietwohnung nahe der Stadt. Die Tochter übernimmt das Haus für einen Preis von 600 000 Franken; der Marktwert der Liegenschaft wird auf 900 000 Franken geschätzt. Damit haben die Eltern der Tochter 300 000 Franken geschenkt. Müssen Herr und Frau B. später Ergänzungsleistungen beantragen, wird ihnen dieser Betrag als Vermögen angerechnet – abzüglich 10 000 Franken pro Jahr ab dem zweiten Folgejahr. Neben dem Vermögen werden den beiden auch die entgangenen Zinsen auf dem Schenkungsbetrag angerechnet, was ihren Anspruch noch einmal reduziert.

URTEIL *Ein Vater hatte seinem Sohn das Haus übergeben und dabei die Nutzniessung behalten. Als Preis erhielt der Vater 90 Prozent des Nutzniessungswerts. Das Bundesgericht war der Meinung, dass bei einem Schenkungsanteil von lediglich 10 Prozent kein Vermögensverzicht bei der EL-Berechnung zu berücksichtigen sei (122 V 394).*

Wohnrecht und Nutzniessung

Wenn Sie Ihr Haus oder Ihre Wohnung an die Kinder weitergeben, haben Sie die Möglichkeit, sich ein Wohnrecht oder eine Nutzniessung einzurichten. Dann können Sie weiterhin im Haus wohnen bleiben, die Liegenschaft geht ins Eigentum der Kinder über.

Beide Formen der Hausübergabe haben Auswirkungen auf die EL-Berechnung – auf der Einnahmen- wie auch auf der Ausgabenseite. In beiden Fällen wird das verschenkte Vermögen als Vermögensverzicht aufgerechnet; der Ertrag aus dem verschenkten Vermögen gilt als Einnahme. Wo liegen die Unterschiede?

Das Wohnrecht

Beim Wohnrecht können Sie zwar selber im Haus wohnen, Sie dürfen die Liegenschaft aber nicht weitervermieten. Sie bezahlen normalerweise die Rechnungen für den Unterhalt und für kleine Reparaturen – wie wenn Sie Mieter in Ihrem Haus wären. Müssen Sie ins Altersheim umziehen, verfällt das Wohnrecht in der Regel, da Sie es aus gesundheitlichen Gründen nicht mehr ausüben können.

Der Wert des Wohnrechts wird ausgehend von der Marktmiete berechnet. Der so errechnete Betrag wird vom Verkehrswert der verschenkten Liegenschaft abgezogen; der Rest wird bei der EL-Berechnung als Vermögensverzicht eingesetzt (siehe Seite 108).

◆ **OTTO R., 76 JAHRE ALT,** schenkt seinem Sohn das Haus mit einem aktuellen Verkehrswert von 1 000 000 Franken. Er behält das Wohnrecht auf Lebenszeit. Die Hypothek beträgt 300 000 Franken und wird auf den Sohn überbunden. Die EL-Stelle ermittelt das verschenkte Kapital, indem sie den Wert des Wohnrechts berechnet. Massgebend sind dabei das Alter von Otto R. und der Mietertrag, den die Liegenschaft auf dem aktuellen Markt einbringen würde. Die Marktmiete für das Haus von Otto R. beträgt 40 000 Franken pro Jahr. Dieser Betrag wird anhand von Steuertabellen kapitalisiert (Tabelle zur Umrechnung von Kapitalleistungen in lebenslängliche Renten: www.estv.admin.ch → Direkte Bundessteuer → Dokumentation → Tarife). Gemäss diesen Tabellen beträgt der Wert des Wohnrechts 507 485 Franken. Dieser Wert wird von der verschenkten Summe abgezogen. Der übrig bleibende Betrag von 192 515 Franken wird als Vermögensverzicht behandelt (siehe Seite 106).

Zieht Otto R. später in ein Altersheim, wird der Gegenwert des Wohnrechts normalerweise nicht mehr angerechnet, da er es aus gesundheitlichen Gründen nicht mehr ausüben kann. Anders wird dies gehandhabt, wenn Otto R. und sein Sohn vereinbart haben, dass der Vater eine Abgeltung erhält, wenn er das Wohnrecht nicht mehr ausübt. Diese Abgeltung würde in die EL-Berechnung einbezogen.

BERECHNUNG DES VERMÖGENSVERZICHTS VON OTTO R.

Verkehrswert des Hauses	Fr. 1 000 000.–	
Hypothek, vom Sohn übernommen	– Fr. 300 000.–	
Wert der Schenkung		Fr. 700 000.–
Wert des Wohnrechts		– Fr. 507 485.–
Vermögensverzicht		**Fr. 192 515.–**

Die Nutzniessung

Wenn Sie die Nutzniessung wählen, behalten Sie an Ihrem Haus das umfassende Nutzungs- und Gebrauchsrecht. Das bedeutet, dass Sie anders als beim Wohnrecht das Haus oder Teile davon auch vermieten können.

Der Nutzniesser übernimmt in der Regel höhere Kosten als ein Wohnberechtigter. Er bezahlt den Unterhalt, die Hypothekarzinsen, die Versicherungsprämien, die periodischen Steuern und Abgaben sowie die Nebenkosten.

Haben Sie Ihr Haus den Kindern überschrieben und sich die Nutzniessung vorbehalten, wird die Ausgleichskasse bei einer EL-Anmeldung den Wert dieser Nutzniessung anhand derselben Tabellen berechnen wie bei einem Wohnrecht. Allerdings wird normalerweise der Nettoertrag der Liegenschaft als Ausgangspunkt für die Berechnung genommen, da Nutzniesser üblicherweise auch die Zinsen für die Hypothekarschulden bezahlen.

Im Gegensatz zum Wohnrecht bleibt die Nutzniessung auch bestehen, wenn Sie ins Altersheim umziehen. Bei der EL-Berechnung wird Ihnen dann ein Mietzins als Einnahme angerechnet. Verzichten Sie auf Ihr Recht an der Nutzniessung, kann Ihnen der Betrag einer angemessenen Abfindung als Vermögensverzicht aufgerechnet werden.

URTEILE *Gebäudeunterhaltskosten und Hypothekarzinsen werden sowohl bei der Nutzniessung wie auch beim Wohnrecht bis zum Bruttoertrag der Liegenschaft als Ausgaben anerkannt. Allerdings muss beim Wohnrecht die konkrete Ausgestaltung geprüft werden; nur wenn der EL-Bezüger tatsächlich für diese Kosten aufkommt, rechtfertigt sich der Pauschalabzug (9C_489/2017 vom 5.3.2018).*

Eine EL-Bezügerin ist Nutzniesserin einer Liegenschaft, die ihren Kindern gehört. Als die Kinder das Haus im Einverständnis mit der EL-Bezügerin verkaufen, stellt sich die Frage, ob weiterhin der Liegenschaftenertrag in die EL-Rechnung einfliesse oder neu der Ertrag aus dem Vermögen anrechenbar sei. Das Bundesgericht entschied, dass der Vermögensertrag berücksichtigt wird (9C_589/2015 vom 5.4.2016).

TIPP *Welche Form einer Eigentumsübergabe in Ihrer Situation sinnvoll ist, besprechen Sie am besten mit einem Notar oder mit Ihrer Vermögensberaterin.*

Vermögen verbraucht – was heisst das bei den EL?

Mit der EL-Reform 2021 wird nicht nur verschenktes, sondern neu auch übermässig verbrauchtes Vermögen in die EL-Rechnung einberechnet.

Hat eine Person über 100 000 Franken Vermögen und gibt sie mehr als 10% ihres Vermögens jährlich aus, wird dies als Vermögen weiterhin angerechnet. Bei Vermögen unter 100 000 Franken liegt diese Schwelle bei 10 000 Franken jährlich.

LEO M. IST AHV-RENTNER und hat 80 000 Franken geerbt. Aus lauter Freude hat er seine Partnerin zu einer Weltreise eingeladen. Kostenpunkt 60 000 Franken. Leider hat Leo M. nicht an die Folgen bei seinen Ergänzungsleistungen gedacht, er hätte maximal 10 000 Franken jährlich verbrauchen dürfen. Nach seiner Rückkehr wird ihm das ausgegebene Vermögen in der Höhe von 50 000 angerechnet (60 000 Franken abzüglich 10 000 Franken zulässiger jährlicher Verbrauch). Dadurch erhält er jährlich 5000 Franken weniger Ergänzungsleistungen, denn ein Zehntel des Verzichtsvermögens wird als Einnahme angerechnet.

Wird das Vermögen aus wichtigen Gründen ausgegeben, z. B. für eine Weiterbildung, für den Werterhalt von Immobilien, eine ärztliche oder zahnärztliche Behandlung, wird auf die Anrechnung verzichtet. Braucht jemand sein Vermögen, für den Lebensunterhalt zum Beispiel, weil er bei der Arbeitslosenversicherung ausgesteuert wurde, wird dieser Betrag ebenfalls nicht in die EL-Rechnung einbezogen, sofern der Jahresverbrauch angemessen ist.

Diese Bestimmungen gelten ab der EL-Revision 2021. Für IV-Rentner und Beziehende von Witwer- oder Witwenrenten ist der Verbrauch ab Rentenanspruch massgebend. Für AHV-Rentner wird die EL-Stelle zukünftig die 10 Jahre vor dem Anspruch auf AHV-Rente betrachten und berechnen, ob ein übermässiger Vermögensverzehr erfolgt ist. Dies allerdings ebenfalls erst ab dem Jahr 2021. Der Gesetzgeber will damit zukünftige Rentner zu haushälterischem Umgang mit ihrem Vermögen anhalten.

Pensionskasse: Rente oder Kapitalbezug – welche Auswirkungen hat dies auf die Ergänzungsleistungen?

Aus dem angesparten Alterskapital bei der Pensionskasse erhalten Pensionierte eine Rente ausgezahlt, die ihnen bis zum Lebensende ein Auskommen sichert. Diese Rente wird, wie in Kapitel 3 gezeigt, bei der Berechnung von Ergänzungsleistungen als Einnahme eingesetzt.

Statt einer Rente können sich Pensionierte ihr Guthaben aber auch als Kapital auszahlen lassen – zumindest einen Viertel davon, bei vielen Pensionskassen auch das ganze Guthaben. Das ausgezahlte Kapital wird als Vermögen in die EL-Berechnung eingesetzt und unterliegt dem Vermögensverzehr (mehr dazu auf Seite 95).

◆ **TATJANA W. WIRD MIT 64 JAHREN PENSIONIERT.** Bei ihrer Pensionskasse hat sie 400 000 Franken Alterskapital angespart. Daneben besitzt sie noch 50 000 Franken Barvermögen. Das Reglement der Pensionskasse erlaubt, das ganze Guthaben als Kapital zu beziehen.

Entscheidet sich Frau W. für den Rentenbezug, wird ihr Kapital zum Umwandlungssatz von 6,8 Prozent (Obligatorium Stand 2021) in eine Rente umgerechnet. Das ergibt eine Rente von 27 200 Franken pro Jahr (siehe Kasten auf der nächsten Seite).

Lässt sich Frau W. das Guthaben als Kapital auszahlen, wird sie bis zu einem Vermögen von 100 000 Franken keine Ergänzungsleistungen erhalten (siehe dazu Seite 114).

Wer darf das Pensionskassenkapital beziehen?
Neben dem Kapitalbezug bei der Pensionierung gibt es noch zwei weitere Möglichkeiten:
- Barbezug bei Aufnahme einer selbständigen Tätigkeit
- Barbezug bei einem definitiven Wegzug aus der Schweiz in ein Land ausserhalb des EU-/EFTA-Raums

Versicherte, die sich selbständig machen, können die Austritts- oder Freizügigkeitsleistung bei der Pensionskasse ihres letzten Arbeitgebers bar beziehen. Voraussetzung ist, dass der Neuunternehmer gegenüber der Pensionskasse seine Selbständigkeit nachweist, zum Beispiel mit einem Businessplan, einem Mietvertrag für Geschäftsräume, einem Eintrag im Handelsregister oder der Bestätigung der AHV-Kasse.

EINNAHMENBERECHNUNG MIT RENTE BZW. KAPITALBEZUG TATJANA W.

Rentenbezug

AHV-Rente		Fr.	14 200.–
Pensionskassenrente		Fr.	27 200.–
Vermögensverzehr:			
Vermögen	Fr. 50 000.–		
Freibetrag	– Fr. 30 000.–		
Anrechenbares Vermögen	Fr. 20 000.–		
Vermögensverzehr 1/10		Fr.	2 000.–
Total Einnahmen		**Fr.**	**43 400.–**

Kapitalbezug
Ab der EL-Revision 2021 werden erst Ergänzungsleistungen ausbezahlt, wenn bei einer Einzelperson das Vermögen unter 100 000 Franken liegt (siehe Seite 95). Damit wird Tatjana W. vom Pensionskassenkapital leben müssen. Sie darf auch das Vermögen nicht verschenken oder übermässig verbrauchen, sonst würde es ihr weiterhin angerechnet (siehe Seite 114).

Wichtig: Wer verheiratet ist, braucht für die Barauszahlung oder den Kapitalbezug die schriftliche Zustimmung des Partners, der Partnerin.

Barbezug bei Wegzug aus der Schweiz
Verlässt jemand die Schweiz definitiv, um in einem Land ausserhalb des EU-/EFTA-Raums Wohnsitz zu nehmen, kann er die Austrittsleistung der Pensionskasse ebenfalls bar beziehen. Zieht jemand in einen Staat der EU oder der EFTA, ist in der Regel nur der Bezug der überobligatorischen Leistungen der Pensionskasse möglich.

Wenn Sie das Pensionskassenkapital beziehen müssen

Wer seine Stelle aufgibt oder verliert und keine der Voraussetzungen für eine Auszahlung des Pensionskassenkapitals erfüllt, darf über das Geld nicht frei verfügen. Das bisher angehäufte Guthaben wird dann auf einem Freizügigkeitskonto oder in einer Freizügigkeitspolice zwischengelagert. Das gilt zum Beispiel für Hausfrauen und -männer, aber auch für Arbeitslose und Sozialhilfebezüger. Diese Personengruppen haben grundsätzlich keine Pensionskasse mehr, die ihr Alterskapital verwaltet.

Wenn Ihr Vorsorgegeld auf dem Freizügigkeitskonto angelegt ist und Sie vor dem Pensionierungsalter keine neue Stelle finden, werden Sie keine Rente über eine Pensionskasse beziehen können. Sie müssen im Alter das Kapital als Ganzes beziehen und danach Ihr Geld selber verwalten. Wenn Sie trotzdem lieber eine Rente haben möchten, können Sie bei privaten Versicherern oder bei der Stiftung Auffangeinrichtung Offerten für eine Leibrentenversicherung einholen. Eine solche Rente wird aber in der Regel nicht die Höhe der möglichen Pensionskassenrente erreichen.

Sozialhilfeempfänger müssen ihr Guthaben auf einem Freizügigkeitskonto beziehen, sobald dies möglich ist – Frauen mit 59, Männer

---

MASSNAHMEN FÜR ÄLTERE ARBEITSLOSE

Vor der EL-Revision 2021 mussten ältere Arbeitslose aus der Vorsorgeeinrichtung ihres letzten Arbeitgebers meistens austreten. Neu können Stellenlose ab dem 58. Altersjahr in der letzten Vorsorgeeinrichtung bleiben. Allerdings müssen sie dann selber für die Kosten aufkommen oder das Alterskapital nicht mehr weiter äufnen. Mit dieser Regelung haben arbeitslose Personen die Möglichkeit, bei ihrer bisherigen Pensionskasse zu bleiben.

mit 60 Jahren. Das verlangen die Skos-Richtlinien. Auch Arbeitslose, die kurz vor der Pensionierung ausgesteuert werden, beziehen oft ihr Pensionskassenguthaben, um die Zeit bis zur AHV-Rente zu überbrücken. So fehlt sowohl Sozialhilfeempfängern wie auch Ausgesteuerten im Alter das Pensionskassenkapital und sie sind zwangsläufig auf die Ergänzungsleistungen angewiesen.

Vermögen weg – müssen die Angehörigen zahlen?

Verschenktes und übermässig verbrauchtes Vermögen wird bei den Ergänzungsleistungen angerechnet, obwohl es gar nicht mehr vorhanden ist. Die Betroffenen haben meist keinen oder nur einen tiefen Anspruch auf EL, obwohl sie sich in einer finanziellen Notlage befinden. Das gilt für Eltern, die ihr Kapital oder ihre Liegenschaft den Kindern übergeben, für Glücksspieler, die ihr Vermögen verspielt, oder auch für Anleger, die mit Hochrisikoanlagen Geld verloren haben. Wer kommt für ihren Unterhalt auf?

Wird bei den Ergänzungsleistungen Vermögen angerechnet, das gar nicht mehr vorhanden ist, können die Betroffenen unter Umständen ihren Lebensunterhalt nicht mehr finanzieren. Dann sind sie auf Sozialhilfe angewiesen (siehe auch Seite 149). Das kann allenfalls Folgen für die Verwandten haben.

Die Verwandtenunterstützungspflicht

Die Sozialhilfebehörde kann die Verwandtenunterstützungspflicht geltend machen. In den Artikeln 328 und 329 des Zivilgesetzbuchs ist festgehalten, dass Verwandte in auf- und absteigender Linie für ihre bedürftigen Angehörigen unterstützungspflichtig sind, sofern sie in günstigen Verhältnissen leben. So ist die Grossmutter für die Enkelin und umgekehrt oder auch die Tochter für den Vater zuständig. Die Unterhaltspflicht der Eltern sowie des Ehegatten oder der eingetragenen Partnerin geht dieser Verwandtenunterstützung jedoch vor. Die Pflicht zur Verwandtenunterstützung gilt unabhängig davon, ob jemand von den Eltern eine Schenkung erhalten hat oder nicht. Auch wenn lediglich ein Kind eine Schenkung erhalten hat, wird die Verwandtenunterstützung bei allen Kindern geprüft.

Die Skos, die Schweizerische Konferenz für Sozialhilfe, hat Richtlinien festgelegt, an die sich die meisten Kantone halten. Darin werden auch Grenzbeträge für die Verwandtenunterstützung vorgeschlagen. Wie hoch die Grenzbeträge sind, erfahren Sie beim kantonalen Sozialamt.

Wie funktioniert Verwandtenunterstützung praktisch?
Sozialhilfeempfänger müssen dem Amt die Namen ihrer Verwandten angeben. Um die Unterstützungspflicht abzuklären, fordert das Amt die betroffenen Familienmitglieder auf, die Steuerveranlagung einzusenden. Diese dient als Basis für eine erste Einschätzung. Kommt die Behörde zur Überzeugung, dass eine Unterstützung möglich ist, wird das Familienmitglied eingeladen und die Sozialbehörde unterbreitet einen Unterstützungsvorschlag. Sind die Verwandten einverstanden, wird die Unterstützung schriftlich vereinbart.

Kann sich die Behörde mit den Verwandten nicht einigen, muss das Sozialamt den Unterstützungsanspruch einklagen. Erst das Gericht kann ein rechtskräftiges Urteil über die Unterstützung erlassen. Die Behörde selber darf nur auf dem Verhandlungsweg Lösungen suchen.

TIPP *Um in einer solchen Situation die Prozessaussichten vor Gericht zu beurteilen, lohnt es sich, einen Anwalt oder eine Anwältin beizuziehen. Gute Rechtsbeistände finden Sie unter www.beobachter.ch/beratung (→ Anwalt finden).*

Die Einkommens- und Vermögensgrenzen gemäss Skos

Eine Unterstützung soll gemäss Skos erst geprüft werden, wenn das Monatseinkommen eines Verwandten folgende Beträge übersteigt:
- für Verheiratete und in eingetragener Partnerschaft Lebende (gemeinsam): 15 000 Franken; für Alleinstehende: 10 000 Franken
- zuzüglich je Kind, das minderjährig oder in Ausbildung ist: 1700 Franken

Diese Beträge verstehen sich inklusive eines allfälligen Vermögensverzehrs (siehe Kasten auf der nächsten Seite).

So wird die Verwandtenunterstützung berechnet

Um die Verwandtenunterstützung zu berechnen, wird vom Einkommen des Unterstützungspflichtigen eine jährliche Pauschale für eine sogenannte gehobene Lebensführung abgezogen. Diese beträgt:
- für Zweipersonenhaushalte: 180 000 Franken
- für Einpersonenhaushalte: 120 000 Franken
- zuzüglich je Kind, das minderjährig oder in Ausbildung ist: 20 400 Franken

Die Hälfte der Differenz zwischen dem ermittelten Einkommen und der Pauschale für gehobene Lebensführung wird eingefordert.

INFO *Gut zu wissen: Rückwirkend darf die Sozialhilfebehörde Beiträge für längstens ein Jahr fordern. Und natürlich müssen Verwandte nur für den Betrag aufkommen, den die Behörde dem Sozialhilfebezüger ausgezahlt hat.*

WIE WIRD DAS VERMÖGEN BERÜCKSICHTIGT?

Beim Vermögen sieht die Skos folgende Freibeträge vor:
- für Verheiratete und in eingetragener
  Partnerschaft Lebende (gemeinsam): 500 000 Franken
- für Alleinstehende: 250 000 Franken
- zuzüglich je Kind, das minderjährig oder
  in Ausbildung ist: 40 000 Franken

Vom verbleibenden Betrag wird ein jährlicher Vermögensverzehr berechnet und zum Einkommen hinzugeschlagen:
- für 18- bis 30-Jährige: $1/60$ Verzehr pro Jahr
- für 31- bis 40-Jährige: $1/50$ Verzehr pro Jahr
- für 41- bis 50-Jährige: $1/40$ Verzehr pro Jahr
- für 51- bis 60-Jährige: $1/30$ Verzehr pro Jahr
- für über 61-Jährige: $1/20$ Verzehr pro Jahr

ISABELLA H. IST 47 JAHRE ALT, als ihr Sohn bei der Arbeitslosenversicherung ausgesteuert wird und auf Sozialhilfe angewiesen ist. Frau H. verdient mit 150 000 Franken jährlich sehr gut. Zudem hat sie ein Vermögen von 400 000 Franken. Unter diesen finanziellen Voraussetzungen berechnet die Behörde, dass Frau H. eine Verwandtenunterstützung von 16 875 Franken pro Jahr leisten kann.

Die Rückerstattung nach dem Tod des EL-Bezügers

Mit der EL-Reform 2021 wird eine Rückerstattungspflicht nach dem Tod des EL-Bezügers eingeführt. Diese Rückerstattung betrifft rechtmässig bezogene Ergänzungsleistungen. Übersteigt das Erbe eines

BERECHNUNG DER VERWANDTENUNTERSTÜTZUNG VON ISABELLA H.

Einkommen	Fr. 150 000.–	
Freibetrag	– Fr. 120 000.–	
Für die Verwandtenunterstützung anrechenbares Einkommen		Fr. 30 000.–
Vermögen	Fr. 400 000.–	
Freibetrag Skos	– Fr. 250 000.–	
Relevantes Vermögen	Fr. 150 000.–	
Davon 1/40 für die Verwandtenunterstützung		Fr. 3 750.–
Total relevanter Betrag für die Verwandtenunterstützung		Fr. 33 750.–
Unterstützungsbetrag: maximal 50 % davon		**Fr. 16 875.–**

ehemaligen EL-Bezügers 40 000 Franken, ist der EL-Bezug über diesem Betrag rückerstattungspflichtig. Bei Ehepaaren erfolgt die Rückerstattung beim Zweitverstorbenen.

Massgebend dafür ist der Nettonachlass, der Nachlass abzüglich Schulden im Zeitpunkt des Todes. Kosten, die nach dem Tod entstehen, wie z. B. Todesfallkosten, werden nicht berücksichtigt.

Liegenschaften werden dabei zum Verkehrswert bewertet. Die Erben haben nach dem Todesfall bis zu einem Jahr Zeit, die Liegenschaft zu veräussern. Gut zu wissen: Es sind nur Ergänzungsleistungen rückerstattungspflichtig, die ab dem 1. Januar 2021 bezogen wurden. Später wird die Rückerstattung längstens die letzten 10 Jahre des EL-Bezugs umfassen.

5

Pflegekosten und Geldprobleme

Die EL fangen hohe Pflegekosten auf

Ganz plötzlich ist es so weit: Ein Sturz, eine Krankheit, und Sie sind auf Pflege angewiesen. Vielleicht engagieren Sie die Spitex, oder Private bieten Hilfe an. Für EL-Bezüger stellt sich in solchen Situationen schnell die Frage: Wie decke ich die zusätzlichen Kosten? Was, wenn ich weitere Hilfe brauche?

Antworten auf solche Fragen finden Sie in diesem Kapitel. Da viele Pflegebedürftige gern so lange wie möglich in ihren vier Wänden bleiben wollen, wird zuerst die Pflege zu Hause besprochen. Dann erhalten Sie die wichtigsten Informationen zum Heimeintritt.

Pflege zu Hause

Pflege zu Hause heisst oft, dass Sie einen privaten oder gemeinnützigen Pflegedienst beanspruchen, eine Spitex, kurz für spitalexterne Pflege. Wenn Sie auf Pflege angewiesen sind, bleibt meist der grösste Teil der Haushaltsarbeit liegen. Dann werden hauswirtschaftliche Unterstützungsleistungen nötig.

◆ **KONRAD E. LEIDET ZUNEHMEND AN DEMENZ.** Seine Frau Erna betreut ihn, soweit es ihr möglich ist. Als ihr die Pflege zu viel wird, wendet sie sich an die Spitex. Eine Abklärung ergibt, dass man Herrn E. bei der täglichen Körperpflege helfen muss und dass seiner Frau die Kraft fehlt, ihn zu stützen. Zudem wird die Spitex die Medikamente bereitstellen, da Frau E. mit der

Anzahl und Aufteilung zunehmend überfordert ist. Erna E. fühlt sich entlastet – nicht nur pflegerisch, sondern auch menschlich. Denn jetzt kommt täglich die Spitexhilfe vorbei, der sie erzählen kann, wie es läuft, und die am Alltag des Ehepaars teilnimmt.

Spitexleistungen
Die Spitex hilft zu Hause mit Pflegeleistungen, dazu gehören: Wundbehandlung, das Bereitstellen von Medikamenten, Körperpflege oder das Verabreichen von Spritzen. In erster Linie werden diese Kosten von der Krankenkasse übernommen. Voraussetzung ist, dass die Pflegeleistungen vom Arzt verschrieben werden. Zudem benötigt die Spitexorganisation für die Anerkennung durch die Krankenkasse die kantonale Zulassung sowie eine Abrechnungsnummer bei der Krankenversicherung. Über die Krankenkasse können folgende Spitexleistungen abgerechnet werden:
- **Abklärung und Beratung:** zum Beispiel Abklären des Pflegebedarfs und Beratung zur Medikamenteneinnahme
- **Grundpflege:** zum Beispiel Beine einbinden, betten und lagern, Hilfe bei der Mund- und Körperpflege
- **Untersuchung und Behandlung:** zum Beispiel Blutdruckmessen, Versorgen von Wunden, Injektionen oder Infusionen

Je nach Kanton kosten diese einzelnen Positionen unterschiedlich viel. Auch die Kosten, die Sie selber bezahlen müssen, sind kantonal verschieden, dürfen aber maximal 15.35 Franken pro Tag betragen. Diesen Betrag können EL-Bezügerinnen und -Bezüger als Krankheits- und Behinderungskosten zurückverlangen (siehe Seite 55).

Hauswirtschaftliche Leistungen
Die hauswirtschaftlichen Leistungen umfassen die Hilfe bei alltäglichen Verrichtungen im Haushalt: zum Beispiel bei der Wäsche, die Sie nicht mehr selber erledigen können, beim Putzen, beim Einkaufen

und Kochen. Solche Unterstützungsleistungen werden von der Grundversicherung der Krankenkasse nicht übernommen.

> **TIPP** *Möglicherweise verfügen Sie aber über eine Zusatzversicherung, die die Kosten übernimmt. Ein Blick auf Ihre Krankenkassenpolice lohnt sich.*

Haben Sie keine Zusatzversicherung abgeschlossen, sehen die meisten Kantone vor, dass Sie notwendige hauswirtschaftliche Unterstützung über die Ergänzungsleistungen finanzieren können. Informationen erhalten Sie bei Ihrer Ausgleichskasse, bei der Pro Senectute oder der Pro Infirmis (Adressen im Anhang).

Pflegende Angehörige

Plötzlich stellen Sie fest, dass Ihr Vater, Ihre Mutter sich verändert: Sie werden vergesslich, die Wohnung ist nicht mehr so sauber wie früher, sie ziehen sich sozial zurück. Oft geht ein solcher Abbau schleichend vor sich. Gesundheitliche Einschränkungen mehren sich, oder Sie merken, dass ein Elternteil plötzlich Gewicht verliert. Sie beginnen sich Sorgen zu machen und versuchen, den Eltern zu helfen: Sie unternehmen häufige Kontrollbesuche, eine Putzfrau wird eingestellt, jemand übernimmt die Administration. Dann brauchen die Eltern auch Hilfe bei der Hygiene – Sie sind zur Pflegerin geworden.

Nun ist der Zeitpunkt gekommen, sich zu überlegen: Will ich das und kann ich das leisten? Wo gäbe es Entlastungsdienste oder Geschwister und Freunde, die einspringen können?

Vertragliche Regelung
Haben Sie sich entschieden, Ihre Eltern zu pflegen, ist es wichtig, dies in einem Pflege- und Betreuungsvertrag festzuhalten. Damit ist für

Ihre Geschwister klar, was die Pflege umfasst und wie viel der Elternteil dafür bezahlt. Ein solcher Vertrag macht es auch für die Eltern angenehmer, Ihre Pflegeleistungen zu akzeptieren. Ausserdem können Sie mit einem Vertrag zukünftigen finanziellen Auseinandersetzungen, zum Beispiel bei der Erbteilung, aus dem Weg gehen.

TIPP *Ein Muster für einen Pflegevertrag und ein Bewertungsblatt für Ihre Arbeit finden Sie im Internet unter www.prosenectute.ch (→ Dienstleistungen → Beratung zum Wohnen im Alter). Sie können sich auch direkt bei der Pro Senectute in Ihrer Nähe melden; die Beratungsstelle berät Sie bei den nötigen Vorkehrungen.*

Gut zu wissen: Ab der ersten bezahlten Stunde sind Sie Angestellte Ihrer Eltern. Es werden Sozialversicherungsbeiträge fällig. Als Arbeitgeber müssen Ihre Eltern AHV-Beiträge einzahlen und eine Unfallversicherung für Sie abschliessen. Verdienen Sie mehr als 21 510 Franken jährlich (Stand 2021), ist die Anmeldung bei einer Pensionskasse nötig.

RITA F. HAT IHRE MUTTER zu sich genommen. Sie muss ihr beim Anziehen und bei weiteren kleinen Verrichtungen helfen. Dafür braucht sie an reiner Pflegezeit ca. eine Stunde täglich. Wie viel darf sie für ihre Arbeit und die Unterkunft der Mutter verlangen? Im Haushalt wohnt auch die schon erwachsene Tochter von Rita F. So wird gerechnet:

Miete	2400 Franken
Elektrizität, Kommunikation	250 Franken
Versicherungen	80 Franken
Essen, Getränke	950 Franken
Haushaltsnebenkosten	170 Franken
Total fixe Ausgaben	3850 Franken

Die Mutter übernimmt einen Drittel dieser Kosten, also 1283 Franken. Zudem zahlt sie für die tägliche Pflege von einer Stunde 30 Franken, monatlich sind das 900 Franken. Dazu kommen noch die Beiträge an die AHV und die Unfallversicherung. Weitere Aufwendungen wie Fahrten zum Arzt oder intensivere Pflege, wenn die Mutter krank ist, berechnet Rita F. aufgrund des Pflegevertrags zusätzlich.

Die Zahlen im Beispiel lehnen sich an die Empfehlungen der Budgetberatung Schweiz an (www.budgetberatung.ch). Weitere Budgetvorschläge finden Sie auf Seite 140.

Kann man Pflegekosten über die Ergänzungsleistungen finanzieren?
Falls die Mutter von Frau F. im obigen Beispiel bereits Ergänzungsleistungen bezieht, kann sie auch den Lohn geltend machen, der ihrer Tochter wegen der Pflege entgeht. Bedingung dafür ist aber, dass Frau F. wegen der Pflege ihre bisherige Erwerbsarbeit teilweise oder ganz aufgegeben hat; sie muss also eine Lohneinbusse erleiden. Zudem muss die Dauer und Art der Pflege in einem Arztzeugnis bestätigt werden. Wichtig ist auch, dass ein Pflegevertrag besteht und die pflegende Person monatlich für ihre Leistungen bezahlt wird.

❗ TIPPS *Über die Anerkennung entscheidet die zuständige Ausgleichskasse aufgrund der kantonalen Gesetzgebung über die Finanzierung der Pflegekosten. Nehmen Sie deshalb vorgängig mit der Kasse Kontakt auf.*

Ist jemand bei den alltäglichen Lebensverrichtungen – also beim Ankleiden, bei der Körperpflege, beim Essen usw. – auf Hilfe von Mitmenschen angewiesen, können Hilflosenentschädigungen beantragt werden. Mehr dazu lesen Sie auf Seite 101.

Eine rückwirkende Vergütung von Pflegekosten durch die EL ist nicht möglich, wie das folgende Urteil zeigt:

> **URTEIL** *Ein Sohn hatte zusammen mit seiner Frau während elf Jahren seine Mutter unentgeltlich fast täglich gepflegt. Erst kurz vor dem Eintritt ins Heim übergab die Mutter ihm 90 000 Franken als Entschädigung für die jahrelange Hilfe. Das Gericht ging aber nicht von einem nachträglichen Lohn für die lange Pflegearbeit aus, sondern war der Ansicht, dass es sich um eine Schenkung handle. Deshalb wurden der Mutter die 90 000 Franken als Vermögensverzicht angerechnet (BGE 131 V 329).*

Eine Pflegerin anstellen, einen Pflegedienst beauftragen

Um teure Heimkosten zu vermeiden, werden vermehrt Pflegende für zu Hause angestellt. Dabei gibt es zwei Varianten: Entweder Sie stellen die Pflegerin selber direkt an oder Sie beauftragen einen Betreuungsdienst, damit Sie sich nicht um das Anstellungsverhältnis kümmern müssen.

Wenn Sie die Pflegerin direkt anstellen, werden Sie – respektive Ihr pflegebedürftiger Elternteil – zum Arbeitgeber mit allen Rechten und Pflichten: Sie müssen monatlich eine Lohnabrechnung erstellen, Sozialversicherungen abrechnen und den Lohn weiterzahlen, wenn die Pflegerin mal erkrankt. Es empfiehlt sich, einen Arbeitsvertrag zu erstellen; Informationen und einen Musterarbeitsvertrag finden Sie unter www.seco.admin.ch (→ Arbeit → Schwarzarbeit).

Für Hausangestellte gilt ein Mindestlohn. Dieser beträgt seit Januar 2020 zwischen 19.20 und 23.20 Franken je Stunde, wenn die Mitarbeiterin mindestens fünf Stunden pro Woche im Haushalt arbeitet (Ausnahme Kanton Genf). Für Verwandte in auf- und absteigender

Linie, für Ehe- und Konkubinatspartner gilt dieser Mindestlohn nicht; die Beteiligten können die Entschädigung frei miteinander abmachen.

Die kantonalen Normalarbeitsverträge (NAV) regeln die Arbeitsbedingungen von Hausangestellten, insbesondere Arbeits- und Ruhezeiten, Ferienansprüche, Feiertage, Lohnfortzahlung bei Krankheit, Überstunden und Kündigung. Diese NAV gelten, wenn Sie mit der Pflegerin nichts anderes schriftlich vereinbart haben. Alles, was Sie in einem individuellen Arbeitsvertrag regeln, darf vom NAV abweichen, solange Sie nicht zwingende Bestimmungen des Obligationenrechts oder des Arbeitsgesetzes verletzen. So können Sie zum Beispiel die Lohnfortzahlung im Krankheitsfall nach Obligationenrecht regeln und auf den Abschluss einer Taggeldversicherung verzichten. Sie können die Abgeltung von Überstunden regeln, Arbeitszeiten festhalten und die Ferien (mindestens vier Wochen) vereinbaren.

SVETLANA I. ARBEITET BEIM EHEPAAR M. in Zürich während 20 Stunden pro Woche. Sie macht den Haushalt, kocht und putzt. Dazu hilft sie Herrn M. bei der Toilette, kleidet ihn an und bringt ihn am Abend zu Bett. Nun wird Frau I. krank und ist für mehrere Monate arbeitsunfähig. Wer zahlt ihren Lohn?

Aufgrund des NAV für Hausangestellte des Kantons Zürich muss der Arbeitgeber für seine Mitarbeiterin eine Krankentaggeldversicherung abschliessen. Hat das Ehepaar M. dies versäumt und die Lohnfortzahlung im Arbeitsvertrag nicht anders geregelt, muss es für die kranke Hausangestellte aufkommen, wie wenn die Taggeldversicherung vorhanden wäre. Das heisst, die M.s müssen während maximal 720 Tagen 80 Prozent des Lohnausfalls finanzieren.

ACHTUNG *Wenn Sie eine ausländische Pflegerin anstellen, benötigt diese eine Arbeitsbewilligung. Erkundigen Sie sich beim Migrationsamt in Ihrem Kanton. Informationen dazu finden Sie auch unter www.care-info.ch.*

Übernimmt die Angestellte pflegerische Aufgaben, muss sie eine Bewilligung der kantonalen Gesundheitsbehörde besitzen. Diese bekommt sie, wenn sie ein anerkanntes Diplom als Pflegefachperson hat und zwei Jahre praktische Erfahrung nachweisen kann. Weitere Informationen dazu erhalten Sie beim kantonalen Gesundheitsamt.

Und die Kosten?

Viele Kantone übernehmen im Rahmen der Ergänzungsleistungen die Kosten für hauswirtschaftliche Arbeiten bis zu 4800 Franken jährlich. Die Aufwendungen für selber angestelltes Pflegepersonal werden bezahlt, wenn die pflegebedürftige Person eine Entschädigung für eine mittelschwere oder schwere Hilflosigkeit bezieht.

TIPP *Da jeder Kanton in diesem Bereich eigene Regelungen aufgestellt hat, müssen Sie den Behandlungsplan Ihres pflegebedürftigen Angehörigen im Vorfeld unbedingt mit der Ausgleichskasse vorbesprechen. Diese ist interessiert daran, eine kostengünstige Variante zu finden, und bietet Hand für gute Lösungen.*

Einen Pflegedienst beauftragen

Wollen Sie nicht selber als Arbeitgeber auftreten und sich nicht mit Abrechnungen belasten, können Sie eine Pflegefirma beauftragen. Für die Übernahme der Kosten durch die Ergänzungsleistungen gilt dasselbe wie bei den direkt angestellten Pflegenden.

TIPP *Verschiedene Kantone bieten zu diesem Thema gute Broschüren an, zum Beispiel der Kanton Zug (www.zg.ch → Behörden → Volkswirtschaftsdirektion → Amt für Wirtschaft und Arbeit → Aktuell → Broschüre «Betreuung und Pflege zu Hause»).*

ACHTUNG, SOZIALVERSICHERUNGSBEITRÄGE!
Wenn eine Pflegerin, ein Pfleger Sie zu Hause betreut, müssen Sie abklären, ob die Sozialversicherungsbeiträge korrekt abgerechnet werden. Es gibt drei Situationen:
- Sie stellen eine Pflegerin an. Dann sind Sie Arbeitgeber und müssen selber mit den Sozialversicherungen abrechnen (siehe Seite 131).
- Sie beauftragen eine Pflegefirma. Dann ist die Abrechnung mit den Sozialversicherungen deren Sache. Achten Sie aber darauf, dass die Firma die Bestimmungen des schweizerischen Arbeitsrechts einhält.
- Ihre Pflegerin sagt, sie arbeite als Selbständigerwerbende. Lassen Sie sich in diesem Fall unbedingt die Bestätigung zeigen, dass die AHV die Pflegerin als Selbständigerwerbende akzeptiert. Sonst gelten Sie als Arbeitgeber und können später haftbar gemacht werden für Ausstände bei den Sozialversicherungen – und auch bei der Quellensteuer.

Auszeit für Pflegende und Ferien für Pflegebedürftige

Auch mal Ferien machen als Pflegebedürftige, geht das? Und wenn die pflegenden Kinder selber in die Ferien möchten, wohin dann mit der Mutter oder dem Vater?

Viele Heime bieten Ferienbetten an. Pflegebedürftige können so eine Auszeit im Heim verbringen, die Angehörigen können sich erholen. Erkundigen Sie sich bei den Heimen in Ihrer Umgebung (unter www.heiminfo.ch finden Sie die Adressen von Institutionen in Ihrer Region samt Angaben zum Angebot). Solche Entlastungsaufenthalte können über die EL finanziert werden. Oft sind sie auf zwei Monate begrenzt. Was in Ihrem Kanton gilt, erfahren Sie bei der Pro Senectute oder bei der kantonalen Ausgleichskasse (Adressen im Anhang).

Auch ärztlich verordnete Kuren, zum Beispiel eine Erholungskur oder eine Badekur, können von den Ergänzungsleistungen übernommen werden. Allerdings wird in den meisten Kantonen während des Kuraufenthalts der Lebensbedarf (siehe Seite 37) gekürzt, da man dann ja keine Ausgaben für Essen und Getränke hat. Zudem sind die Aufenthalte oft auf drei Wochen beschränkt.

Eine weitere Möglichkeit, sich als Angehörige zu entlasten, ist der Aufenthalt von Pflegebedürftigen in Tagesheimen. Solche Angebote sind auf Behinderung und Alter ausgerichtet. Die Besucher können einzelne Wochentage oder ganze Wochen in der Tagesstätte verbringen. Sie werden beschäftigt und erhalten so eine Tagesstruktur. Mehr Informationen zur Kostenübernahme bei solchen Aufenthalten finden Sie auf Seite 52.

TIPP *Wenn Sie ein Jahr lang bei alltäglichen Lebensverrichtungen – zum Beispiel Ankleiden, Körperpflege, Essen – auf die Hilfe von Mitmenschen angewiesen sind, können Sie Hilflosenentschädigung beantragen (mehr dazu auf Seite 101).*

Der Eintritt ins Heim

Nach einem Sturz wird das Leben im eigenen Haus unmöglich, eine Erkrankung erfordert plötzlich dauerhafte Pflege – viele Heimeintritte sind nicht im Voraus geplant. Das Leben im Heim bringt grosse Veränderungen mit sich – nicht nur im Wohnbereich. Auch bei den Finanzen kann es zu bösen Überraschungen kommen.

FRANZ K. LEBTE BIS VOR WENIGEN WOCHEN allein in seiner Wohnung. Seine Tochter half ihm bei der Putzerei, sonst war er eigenständig. Doch dann erlitt er einen Schlaganfall. Jetzt liegt er im Spital, und der spitaleigene Sozialdienst legt ihm einen Heimeintritt nahe. Weiterhin allein zu wohnen, sei nicht mehr möglich. Herr K. ist zutiefst betrübt. Er kann sich nur schwer mit der Situation abfinden.

ANDERS OLGA J. Sie hat schon immer allein gelebt und wollte ihr Alterswohnen frühzeitig selber in die Hand nehmen. Sie hat sich deshalb entschieden, eine Alterswohnung zu beziehen, die einem Heim angegliedert ist. Damit kann Frau J. selber bestimmen, wo sie den Lebensabend verbringen möchte.

Rechtzeitig planen
Viele Heimeintritte kommen unvorhersehbar, weil die Gesundheit nicht mehr mitspielt. Oft fühlen sich die zukünftigen Heimbewohner überrumpelt – alles passiert irgendwie, sie können ihr Leben nicht mehr eigenständig gestalten. Einer solchen Notsituation können Sie vorbeugen, indem Sie frühzeitig überlegen, wo und wie Sie einmal wohnen möchten.

- Auf der Website www.wohnform50plus.ch informiert die Pro Senectute über verschiedene Wohnmöglichkeiten im Alter – von der Wohn- oder Hausgemeinschaft über Alterswohnungen bis zu verschiedenen weiteren Formen. Gleichzeitig gibt diese Website Hinweise zur Wohnungsanpassung im Alter. Ein Merkblatt zeigt Ihnen, worauf Sie bei einem Umbau Ihres Eigenheims oder bei der Miete einer Wohnung fürs Alter achten sollten (→ Beratung → Altersgerecht bauen).
- Viele ältere Menschen kennen Heime, weil sie Angehörige oder Bekannte besuchen, die schon dort leben. Verschaffen Sie sich bei solchen Besuchen ein Bild über das Heim und überlegen Sie sich, ob es Ihnen dort auch gefallen könnte.
- Nicht immer ist der Bezug eines gewünschten Heims im richtigen Zeitpunkt möglich – zum Beispiel weil dort kein Platz frei ist. Wenn Ihnen ein Heim gefällt, erkundigen Sie sich, ob es eine Warteliste gibt, auf die Sie sich eintragen lassen können. Wenn Sie dann einen Platz benötigen, werden Sie eher berücksichtigt.

- Wenn Sie wissen, welches Heim oder welche Wohnform Sie bevorzugen, können Sie Ihren Wunsch in einem Vorsorgeauftrag festhalten (siehe Kasten).

> **TIPP** *Eine Übersicht über die verschiedenen Wohnmöglichkeiten im Alter oder bei Behinderung in Ihrer Region finden Sie unter www.heiminfo.ch. Sie können sich auch direkt bei der Pro Senectute respektive der Pro Infirmis oder der Procap in Ihrem Kanton erkundigen (Adressen im Anhang).*

DER VORSORGEAUFTRAG

Mit einem Vorsorgeauftrag können Sie heute bestimmen, wer später einmal Ihre persönlichen Angelegenheiten regeln soll, wenn Ihnen selber dies nicht mehr möglich ist. Sie können darin zum Beispiel festhalten, wer für Sie das Administrative übernehmen soll, wie Sie gepflegt werden und in welchem Heim Sie gern leben möchten.

Einen Vorsorgeauftrag müssen Sie wie ein Testament von A bis Z handschriftlich aufsetzen, mit dem Datum versehen und unterschreiben. Oder Sie lassen ihn öffentlich beurkunden, das heisst: Ihr Vorsorgeauftrag wird bei einem Notar erstellt und von diesem beurkundet.

Bewahren Sie Ihren Vorsorgeauftrag an einem Ort auf, wo er bei Bedarf auch gefunden wird. Zur Sicherheit können Sie offiziell registrieren lassen, dass es Ihren Vorsorgeauftrag gibt und wo er hinterlegt ist. Erkundigen Sie sich beim Zivilstandsamt an Ihrem Wohnort, wie das in Ihrem Kanton geregelt wird.

Weitere Informationen zum Thema finden Sie unter www.ejpd.admin.ch (→ Aktuell → als Stichwort «Vorsorgeauftrag» eingeben) oder im Beobachter-Ratgeber «Erwachsenenschutz. Patientenverfügung, Vorsorgeauftrag, Beistandschaften, fürsorgerische Unterbringung, Schutz im Heim, Kesb» (www.beobachter.ch/buchshop).

Wer soll das bezahlen?
Die Kosten für einen Heimaufenthalt können sehr hoch werden. Finanziert werden diese Kosten einerseits aus Ihren Einnahmen und Teilen Ihres Vermögens, andererseits über die Krankenkasse und die Pflegefinanzierungen der Kantone. Bleibt ein offener Betrag, können Sie Ergänzungsleistungen beantragen (siehe Seite 48). Viele Heimbewohner sind auf diese Zahlungen angewiesen.

> **TIPP** *Achten Sie darauf, dass das Heim, in dem Sie leben möchten, über eine Betriebsbewilligung Ihres Wohnkantons verfügt. Nur so wird es von der Ausgleichskasse anerkannt.*

Geldprobleme meistern

Wer Ergänzungsleistungen bezieht, hat wenig Geld zur Verfügung. Das EL-Existenzminimum ist zwar höher als das betreibungsrechtliche oder das Minimum, von dem die Sozialhilfe ausgeht. Trotzdem leben die Betroffenen mit einem Einkommen, das weit tiefer ist, als was der Durchschnitt in der Schweiz zur Verfügung hat. Hier erfahren Sie, wie Sie die Mittel richtig einteilen und notfalls weitere Gelder organisieren können.

Geld richtig einteilen ist eine Kunst. Hand aufs Herz, haben Sie schon einmal ein Monatsbudget aufgestellt und alle Ausgaben notiert, damit Sie wissen, wohin Ihr Geld fliesst?

Ein Haushalt ist wie ein kleines Unternehmen. Und in einer noch so kleinen Firma gibt es ein Budget und einen Jahresabschluss: Was haben wir eingenommen, was ausgegeben? Wie planen wir fürs nächste Jahr? Auch in einem Haushalt, egal wie viele Menschen darin leben, ist ein Budget sinnvoll. Welche Ausgaben hat wer, wann, und wie hoch sind sie? Damit Sie erst einmal wissen, wohin Ihr Geld monatlich fliesst, sollten Sie sich die Ausgaben notieren – nicht bis zum letzten Rappen, aber als ungefähre Übersicht. Erst mit diesem Wissen können Sie budgetieren.

◤ **BUCHTIPP**

Viele Tipps zum guten Umgang mit Geld und zum Bewältigen von finanziellen Engpässen finden Sie in diesem Beobachter-Ratgeber: **Clever mit Geld umgehen. Budget, Sparen, Wege aus der Schuldenfalle.**
www.beobachter.ch/buchshop

Als EL-Bezüger richtig budgetieren

Wenn Sie wissen, wohin Ihr Geld jeden Monat fliesst, können Sie Ihre Ausgaben mit den Budgetvorschlägen auf der nächsten Seite vergleichen. Diese stammen von der Pro Senectute Schweiz und basieren auf den durchschnittlichen Ausgaben. Ihre Werte können bei einzelnen Positionen natürlich abweichen, insbesondere bei den Steuern. Die Budgetvorschläge der Pro Senectute sind gemäss der EL-Berechnung eingeteilt; alle Kosten, abgesehen von der Miete und den Krankheitsauslagen, müssen Sie aus dem Lebensbedarf decken.

❗ **TIPPS** *Die Einteilungsvorschläge sowie Budgetblätter zum Ausfüllen finden Sie unter www.prosenectute.ch (→ Engagement → Politik → Ergänzungsleistungen → Sinn und Zweck der EL), oder Sie können sie bei der Pro Senectute in Ihrer Nähe beziehen (Adressen ebenfalls unter www.prosenectute.ch).*

Auf den Ergänzungsleistungen zahlen Sie keine Steuern – wohl aber auf den Renten von IV, AHV und Pensionskasse sowie auf Erwerbseinkommen. Legen Sie genügend Geld für die Steuern zurück, damit Sie diese bei Fälligkeit begleichen können.

BUDGET FÜR EINEN EINPERSONENHAUSHALT MIT ERGÄNZUNGSLEISTUNGEN

2021 haben EL-Bezüger einen Lebensbedarf von 19 610 Franken jährlich zur Verfügung, das sind 1634 Franken monatlich.

Ausgaben (in Franken)	Teilbetrag	Total pro Monat
Steuern		96
Nahrungsmittel, Getränke, Tabak		
– Nahrungsmittel	437	
– Getränke, Tabakwaren	91	528
Bekleidung		
– Kleider, Wäsche, Schuhe		100
Wohnen und Energie (ohne Miete)		
– Strom, Gas etc.		82
Einrichtung und Haushaltsführung		
– Möbel, Geschirr, Bettzeug	52	
– Wasch- und Reinigungsmittel	24	76
Gesundheitspflege		
– Nicht kassenpflichtige Medikamente, Geräte		108
Verkehr und Kommunikation		
– Bus/Tram, Bahn, Telefon, Internet, Post		150
Freizeit und Kultur		
– Fernsehen, Kino, Zeitungen, Bücher, Kurse		139
Sonstiges		
– Körperpflege (Toilettenartikel, Coiffeur, Schönheitspflege)	62	
– Persönliche Gebrauchsgegenstände	31	
– Restaurantbesuche, Ferien	111	
– Sachversicherungen	39	
– Gebühren	15	
– Verschiedenes (Vereinsbeiträge, Spenden), Reserve	97	355
Total monatlicher Lebensbedarf		**1634**

BUDGET FÜR EIN EHEPAAR MIT ERGÄNZUNGSLEISTUNGEN

2021 haben Ehepaare, die Ergänzungsleistungen beziehen, einen Lebensbedarf von 29 415 Franken jährlich oder 2451 Franken monatlich zur Verfügung.

Ausgaben (in Franken)	Teilbetrag	Total pro Monat
Steuern		89
Nahrungsmittel, Getränke, Tabak		
– Nahrungsmittel	672	
– Getränke, Tabakwaren	140	812
Bekleidung		
– Kleider, Wäsche, Schuhe		152
Wohnen und Energie (ohne Miete)		
– Strom, Gas etc.		125
Einrichtung und Haushaltsführung		
– Möbel, Geschirr, Bettzeug	80	
– Wasch- und Reinigungsmittel	37	117
Gesundheitspflege		
– Nichtkassenpflichtige Medikamente, Geräte		165
Verkehr und Kommunikation		
– Bus/Tram, Bahn, Telefon, Internet, Post		230
Freizeit und Kultur		
– Fernsehen, Kino, Zeitungen, Bücher, Kurse		215
Sonstiges		
– Körperpflege (Toilettenartikel, Coiffeur, Schönheitspflege)	96	
– Persönliche Gebrauchsgegenstände	48	
– Restaurantbesuche, Ferien	170	
– Sachversicherungen	60	
– Gebühren	23	
– Verschiedenes (Vereinsbeiträge, Spenden), Reserve	149	546
Total monatlicher Lebensbedarf		2451

Zusammenleben: Wer zahlt was?

Oft leben Ergänzungsleistungsbezüger mit Angehörigen oder Freunden zusammen, die keine EL beziehen. Da stellt sich die Frage, wer welchen Anteil an die Lebenskosten zahlen soll.

In einer Wohngemeinschaft, in der jeder für sich aufkommt und die Hausarbeit aufgeteilt ist, wird jeder Bewohner seinen Anteil finanzieren. Anders sieht es aus, wenn zum Beispiel in einem Konkubinat eine Seite – häufig die Partnerin – den grössten Teil der Hausarbeit leistet oder wenn ein Partner sehr viel mehr verdient als der andere. Wie wird die Mehrarbeit entschädigt, wie der grössere Verdienst berücksichtigt?

◆ **ROMY S. BEZIEHT EINE IV-RENTE** und Ergänzungsleistungen. Sie arbeitet ca. 20 Prozent in einem Betrieb und hat insgesamt 2600 Franken pro Monat zur Verfügung. Rolf A., ihr Partner, arbeitet Vollzeit und verdient 4500 Franken. Die beiden haben sich geeinigt, dass Romy S. etwa zwei Drittel der Hausarbeiten erledigt. Ihr Partner übernimmt die Aufgaben, die sie wegen ihrer Behinderung nicht erledigen kann.

Die Ausgaben von Frau S. und Herrn A. setzen sich folgendermassen zusammen:

Miete inklusive Nebenkosten	1500 Franken
Elektrizität, Kommunikation	220 Franken
Versicherungen	45 Franken
Essen, Getränke	750 Franken
Haushaltsnebenkosten	120 Franken
Total fixe Ausgaben	2635 Franken

Da Frau S. sehr viel weniger verdient und einiges mehr im Haushalt erledigt, einigt sich das Paar, dass Rolf A. vom Gesamtbetrag 1750 Franken übernimmt; für Frau S. bleiben damit 885 Franken, die sie an die gemeinsamen Kosten bezahlt.

TIPP *Die Zahlen im Beispiel basieren auf den Empfehlungen der Budgetberatung Schweiz für Konkubinatspaare (www.budgetberatung.ch → Paare → Konkubinat).*

Kostgeld für Pflegebedürftige im Haushalt mit Gesunden

Auch wenn in einem Haushalt ein pflegebedürftiger Elternteil oder eine erwachsene Person mit Behinderung lebt, stellt sich die Frage nach einem fairen Kostgeld. Auch dazu ein Beispiel, das auf den Zahlen der Budgetberatung Schweiz basiert (ein weiteres Beispiel finden Sie auf Seite 129).

HANNA M., 35 JAHRE ALT, ist geistig behindert und arbeitet in einer geschützten Werkstätte. Sie lebt bei ihren Eltern, die beide Anfang 60 sind. Geplant ist, dass Hanna M. später, wenn die Belastung für die Eltern zu gross wird, in das Heim eintritt, das ihrer Arbeitsstelle angegliedert ist.

Frau M. hat eine IV-Rente und Ergänzungsleistungen. Damit kommt sie monatlich auf 2200 Franken. Bisher haben die Eltern aber kaum Geld von ihr gefordert. Sie haben die Miete bezahlt, die Lebensmittel eingekauft und auch die Ferien übernommen. So hat sich das Geld auf dem Konto von Hanna M. summiert; unterdessen wurde aufgrund des angewachsenen Vermögens gar die Ergänzungsleistung gekürzt (siehe Seite 95). Nun haben sich die Eltern, auch wegen ihrer bald bevorstehenden Pensionierung, beraten lassen und ein Budget erstellt. Die fixen Ausgaben von Familie M. setzen sich folgendermassen zusammen:

Miete inklusive Nebenkosten	1800 Franken
Elektrizität, Kommunikation	250 Franken
Versicherungen	70 Franken
Essen, Getränke	950 Franken
Haushaltsnebenkosten	170 Franken
Total fixe Ausgaben	3240 Franken

Von diesen Kosten wird Hanna M. in Zukunft einen Drittel übernehmen, also 1080 Franken. Zudem soll die Mutter dafür entschädigt werden, dass sie der Tochter die Wäsche besorgt und das Abendessen kocht. Die Beraterin schlägt vor, monatlich 120 Franken für die Wäsche und 200 Franken fürs Kochen zu berechnen – zusätzlich zum Anteil an den fixen Ausgaben. Total erhalten die Eltern also 1400 Franken pro Monat. Einen Anteil an den Reinigungskosten berechnen sie nicht, da Hanna M. gern putzt, ihr Zimmer selber reinigt und die ganze Wohnung staubsaugt.

Finanzielle Unterstützung, wenn das Geld nicht reicht

Der Betrag für den Lebensbedarf reicht bei den meisten Bezügerinnen und Bezügern gerade aus, das Alltägliche zu decken. Ist dann eine grosse, dringende Anschaffung nötig – eine neue Brille, der dringend benötigte Erholungsurlaub oder die Finanzierung eines Umzugs –, wissen viele nicht, woher sie das Geld nehmen sollen. Deshalb wurden offizielle EL-Fonds geschaffen. Daneben gibt es in der Schweiz viele private Fonds und Stiftungen, die man für Projekte, notwendige Ferien und Anschaffungen anfragen kann.

Zusätzliche Mittel über den EL-Fonds
Neben dem grossen Topf, aus dem die regulären Ergänzungsleistungen finanziert werden, hat der Bund zusätzliche Fonds zur Unterstützung von EL-Bezügern geschaffen – aktuell erhalten drei Fonds jährlich maximal 33,7 Millionen Franken.

Die drei Hilfswerke Pro Senectute, Pro Infirmis und Pro Juventute verwalten je einen dieser Fonds. Diese Institutionen können Sie um Unterstützung anfragen, wenn Sie zusätzliches Geld für Anschaffungen oder für die Bewältigung von Notsituationen benötigen. Über die

individuelle finanzielle Unterstützung aus einem Fonds zusätzlich zu den EL können Ausgaben in folgenden Bereichen finanziert werden:
- Hilfsmittel wie Hörgeräte, Geh- und Sehhilfen (Brillen und Linsen), Hilfsmittel für den Haushalt
- Beteiligung an Gesundheitskosten, zum Beispiel an einer Therapie, die nicht über die Krankheitskosten der EL finanziert wird, oder auch an einer heilpädagogischen Frühberatung bei Kindern
- Notwendige Anschaffungen, zum Beispiel Möbel, Kleider, Haushaltsgeräte
- Freizeitgestaltung, Kurse (maximal 800 Franken pro Jahr)
- Ungedeckte Fahrkosten
- Ferien- und Entlastungsaufenthalte, Kuren
- Ausbildungsbeiträge, zum Beispiel für Nachhilfe, Schulmaterial, Studiengebühren, und Weiterbildung
- Beiträge für entlastende Kinderbetreuung

Zum Teil können Sie auch regelmässige Zahlungen erhalten, um eine Notsituation zu überbrücken (maximal zwei Jahre lang). Auch die Bevorschussung von Ergänzungsleistungen und Renten ist möglich. Allerdings dürfen Sie nicht zu viel eigenes Vermögen haben, sonst erhalten Sie keine Kostengutsprache. Welche Limiten gelten, sehen Sie im folgenden Kasten.

VERMÖGENSGRENZEN FÜR DIE INDIVIDUELLE UNTERSTÜTZUNG AUS EINEM FONDS ZUSÄTZLICH ZU DEN EL

- Alleinstehende	10 000 Franken
- Ehepaare	20 000 Franken
- Zuzüglich pro Kind	5 000 Franken
- Maximal für eine Familie	25 000 Franken

Je nachdem, in welcher Situation Sie sich befinden, müssen Sie sich an unterschiedliche Stellen wenden, wenn Sie zu Ihren regulären EL zusätzliche finanzielle Unterstützung brauchen:

- Sind Sie im AHV-Alter, wenden Sie sich an die Pro Senectute vor Ort (Adressen im Anhang). Weitere Informationen zur individuellen Finanzhilfe finden Sie unter www.prosenectute.ch (→ Ratgeber → Finanzielle Unterstützung → Individuelle Finanzhilfe).
- Für Bezüger einer IV-Rente ist die Pro Infirmis zuständig. Informationen dazu finden Sie unter www.proinfirmis.ch (→ Dienstleistungen → Finanzielle Direkthilfe).
- Wer eine Witwen- oder Waisenrente bezieht, kann sich an die Pro Juventute wenden. Weitere Informationen zum Witwen- und Waisenfonds finden Sie unter www.projuventute.ch (→ Angebote → Finanzielle Unterstützung für Witwen, Witwer und Waisen).

TIPP *Melden Sie sich frühzeitig, bevor Sie eine Anschaffung tätigen – normalerweise ist eine rückwirkende Finanzierung nicht möglich.*

Gemeinnützige Fonds und Stiftungen

In der Schweiz gibt es sehr viele gemeinnützige Fonds und Stiftungen, die Menschen in schwierigen finanziellen Zeiten aushelfen. Sie springen ein in Notlagen aus gesundheitlichen oder sozialen Gründen, helfen mit einem einmaligen Zustupf oder mit regelmässigen, aber zeitlich befristeten Zahlungen. Solche Unterstützung ist aber nur möglich, wenn weder eine Versicherung noch die Sozialhilfe für dieselben Auslagen aufkommt oder aufkommen müsste.

TIPPS *Eine Übersicht über die gemeinnützigen Fonds und Stiftungen finden Sie unter www.zhaw.ch (→ Dienstleistung → Verzeichnis Fonds und Stiftungen). Sie können sich auch bei den kantonalen oder kommunalen Sozialen Diensten erkundigen,* welche Fonds oder Stiftungen vor Ort für Ihre spezielle Notlage infrage kommen (Adressen im Anhang).

Auch die Stiftung SOS Beobachter leistet individuelle Einzelhilfe und übernimmt zum Beispiel die Kosten für bescheidene Ferien oder für eine Weiterbildung. Die Stiftung leistet auch Rechtshilfe, indem sie Ihnen hilft, einen Anwalt zu finanzieren, damit Sie Ihre berechtigten Anliegen durchsetzen können. Weitere Informationen erhalten Sie unter www.beobachter.ch/sos-beobachter.

Vergünstigungen für EL-Bezüger
Als EL-Bezügerin oder EL-Bezüger mit einer AHV- oder IV-Rente können Sie von vielen Vergünstigungen profitieren:
- Sie haben die Möglichkeit, in Caritas-Läden zu Tiefstpreisen einzukaufen. Caritas-Läden gibt es in der ganzen Schweiz. Um davon zu profitieren, müssen Sie zuerst eine Caritas-Einkaufskarte organisieren. Diese erhalten Sie bei den Sozialämtern, bei kirchlichen Sozialdiensten oder direkt bei der Caritas (www.caritas-markt.ch).
- Als AHV-Rentner, IV-Bezügerin erhalten Sie vergünstigte Abonnemente für den öffentlichen Verkehr.
- Menschen mit einer Behinderung können von der SBB-Begleitkarte profitieren. Damit können sich Reisende, die auf einen Rollstuhl angewiesen, gehbehindert, blind, seh-, hör- oder geistig behindert sind, von einer Person ihrer Wahl begleiten lassen. Weitere Informationen erhalten Sie unter www.sbb.ch (→ Fahrplan → Reisen mit eingeschränkter Mobilität) oder bei der Beratungsstelle der Pro Infirmis in Ihrer Nähe (Adressen im Anhang).
- Wer aus gesundheitlichen Gründen auf ein Auto angewiesen ist, erhält Vergünstigungen bei der Motorfahrzeugsteuer. Welcher Kanton welche Form von Erlass oder Ermässigung gewährt, erfahren Sie auf der Website der Schweizer Paraplegiker-Vereinigung (www.spv.ch → Publikationen → Merkblätter).

- Menschen mit einer erheblichen Behinderung, die eine IV-Rente oder eine Hilflosenentschädigung beziehen, können sich vom Militärpflichtersatz befreien lassen. Informationen dazu erhalten Sie bei der Pro Infirmis www.proinfirmis.ch (→ Rechtsratgeber).
- Menschen mit einer Behinderung und tiefem Einkommen sind je nach Gemeinde oder Region von der Pflicht, Feuerwehrersatzabgabe zu leisten, befreit. Erkundigen Sie sich bei Ihrer Gemeinde.
- Auf Anfrage gewähren Zeitschriften und Zeitungen EL-Bezügern oft Ermässigungen auf dem Abonnementspreis.

Daneben gibt es eine Vielzahl regionaler Vergünstigungen. Mehr dazu erfahren Sie bei Pro Senectute, Pro Infirmis und Pro Juventute, bei der örtlichen Sozialberatung oder einer anderen Beratungsstelle (Adressen im Anhang).

Kultur gefällig?

Als EL-Bezügerin oder -Bezüger können Sie eine KulturLegi beantragen. Die KulturLegi ist ein persönlicher Ausweis für Sie und Ihre Familie. Damit können Sie zum Beispiel Zeitungsabonnemente beziehen, Zirkusveranstaltungen besuchen oder Ferien mit der Reka buchen. In einigen Regionen bieten die Klubschulen der Migros unter bestimmten Bedingungen eine Reduktion von 30 Prozent auf die Kurskosten – nachfragen lohnt sich. Schweizweit erhalten Sie bei 2000 Kultur-, Sport- und Bildungsangeboten sowie im Gesundheitsbereich Vergünstigungen im Umfang von 30 bis 70 Prozent. Für die KulturLegi selber bezahlen Sie nichts.

Anspruch auf eine KulturLegi haben Personen mit einem tiefen Einkommen, EL-Bezüger und Sozialhilfebezügerinnen sowie Menschen, die am betreibungsrechtlichen Existenzminimum leben. Wo Sie in Ihrem Kanton die KulturLegi beantragen können, erfahren Sie unter www.kulturlegi.ch.

Auffangnetz Sozialhilfe

Die Sozialhilfe ist das unterste Netz der sozialen Sicherheit in der Schweiz. Erst wenn alle vorgelagerten Versicherungen und Finanzierungsmöglichkeiten ausgeschöpft sind, leistet die Sozialhilfe – veraltet Fürsorge genannt – materielle Hilfe, um das Existenzminimum zu sichern.

Sozialhilfeleistungen werden von der Gemeinde ausgezahlt, oft auch von einem Gemeindeverbund. Erkundigen Sie sich direkt vor Ort, wo die zuständige Sozialberatung ist. Die Sozialen Dienste bieten in den meisten Kantonen neben der materiellen Hilfe auch persönliche Beratung an; Sie können den Sozialdienst also auch in Anspruch nehmen, wenn Sie Beratung oder administrative Hilfe benötigen, zum Beispiel beim Ausfüllen der Anmeldung für den Bezug von Ergänzungsleistungen.

Als EL-Bezüger oder -Bezügerin kommen Sie mit den Sozialhilfestellen vor allem dann in Kontakt, wenn die Zahlungen sich verspäten oder wenn die EL-Stelle noch nicht entschieden hat. Dann gewährt Ihnen die Sozialhilfe einen Vorschuss. Im Gegenzug müssen Sie die künftigen EL-Zahlungen an die Sozialberatung abtreten. Dazu unterschreiben Sie ein Formular, in dem Sie die Einwilligung dazu geben. Dabei darf das Sozialamt nur die Leistungen verrechnen, die Sie als Vorschuss für Ergänzungsleistungen erhalten haben. Es dürfen keine alten Sozialhilfeschulden mit neuen Ergänzungsleistungen verrechnet werden.

Wie viel Vorschuss erhält man?

Die Höhe der Sozialhilfe bemisst sich in den meisten Kantonen nach den sogenannten Skos-Richtlinien, den Richtlinien der schweizerischen Konferenz für Sozialhilfe. Bezüger erhalten wie bei den Ergänzungsleistungen einen Grundbedarf für den Lebensunterhalt, den Mietzins und die Krankheitskosten.

Der Grundbedarf nach den Skos-Richtlinien beträgt 997 Franken für Einzelpersonen, für zwei Personen im selben Haushalt 1525 Franken (Stand 2021). Dieser ist erheblich tiefer als der Lebensbedarf bei den Ergänzungsleistungen (siehe Seite 36). Hinzu kommen je nach Situation noch Integrationszulagen zwischen 100 und 300 Franken. Auch der Mietzins und die Krankheitskosten werden von der Sozialhilfe bezahlt. Und natürlich werden Ihre Einnahmen abgezogen.

◆ **SANDRA G. HAT NEU EINE IV-RENTE** zugesprochen erhalten. Dazu benötigt Sie Ergänzungsleistungen, weil sie mit der IV allein den Lebensunterhalt nicht decken kann. Die EL-Stelle hat aber noch nicht entschieden. Frau G. meldet sich daher beim Sozialamt und erhält dort als Vorschuss 1097 Franken pro Monat (Berechnung siehe Kasten).

Drei Monate später werden Frau G. auch die Ergänzungsleistungen zugesprochen. Die EL-Stelle kommt bei gleicher Ausgangslage

---

VORSCHUSSRECHNUNG DES SOZIALAMTS FÜR SANDRA G.

Grundbedarf	Fr.	997.–
Miete	Fr.	1050.–
Krankheitskosten	Fr.	50.–
Total Sozialhilfebudget	Fr.	2097.–
abzüglich IV-Rente	– Fr.	1000.–
Sozialhilfeauszahlung als Vorschuss auf die EL	**Fr.**	**1097.–**

Die Krankenkassenprämie wird nach der Anmeldung beim Sozialamt über die Sozialhilfe bezahlt, deshalb fehlt sie in der Berechnung. Falls Ihre Krankenkasse zu den teureren gehört, müssen Sie bei nächster Gelegenheit zu einer billigeren wechseln.

auf 1721 Franken pro Monat, rückwirkend für drei Monate sind das 5163 Franken. Diese werden mit dem Vorschuss der Sozialhilfe verrechnet:

EL-Zahlung	Fr. 5163.–
Vorschuss Sozialhilfe 3 × 1097 Franken	– Fr. 3291.–
Überschuss	Fr. 1872.–

Der Vorschuss wird direkt ans Sozialamt überwiesen, den Überschuss erhält Sandra G.

TIPP *Weitere Informationen zu den Richtlinien und auch für Mehrpersonenhaushalte finden Sie unter www.skos.ch (→ Skos-Richtlinien → Rechtliches).*

HINWEIS *Wurde auf Vermögen verzichtet oder wurde es übermässig verbraucht, haben einige Kantone begonnen, dies zu sanktionieren: In Luzern, Nidwalden und Wallis werden diese Vermögenswerte als Einnahmen angerechnet. Dies kann dazu führen, dass Sie nur die überlebensnotwendige Sozialhilfe erhalten. Thurgau sanktioniert Sie, wenn Sie die Notlage absichtlich herbeigeführt haben, und wenn sie selbstverschuldet ist, kürzt auch Bern die Sozialhilfe.*

Betreibung bei EL-Bezug?

«Meine Rente und die Ergänzungsleistungen können nicht betrieben werden», sind viele EL-Bezüger überzeugt. Das stimmt nicht ganz, es gibt Ausnahmen:
Eine Betreibung gegen EL-Bezüger ist möglich, sie können einen Zahlungsbefehl erhalten. Zwar können weder die AHV- noch die IV-Rente noch die Ergänzungsleistungen gepfändet werden. Eine

Rente der Pensionskasse hingegen ist sehr wohl pfändbar. Deshalb können auch EL-Bezügerinnen und -Bezüger betrieben werden, denn das Existenzminimum, von dem die Ergänzungsleistungen ausgehen, ist höher als das betreibungsrechtliche Existenzminimum. Wie dies konkret aussieht, sehen Sie im folgenden Beispiel:

> **BEAT N. HAT AUS DER ZEIT**, als er auf die IV wartete, einige Schulden angehäuft: einen Kleinkredit und Steuerschulden in der Höhe von insgesamt 23 000 Franken. Jetzt hat er

---

BETREIBUNGSRECHNUNG FÜR BEAT N.

Einkommen pro Monat
IV-Rente	Fr. 2000.–	
Ergänzungsleistungen	Fr. 410.–	
Pensionskassenrente	Fr. 300.–	
Total Einnahmen		Fr. 2710.–

Betreibungsrechtliches Existenzminimum
Einpersonenhaushalt	Fr. 1200.–	
Wohnung inkl. Nebenkosten	Fr. 1100.–	
Existenzminimum		Fr. 2300.–

Pfändbare Quote, rechnerisch		Fr. 410.–
Effektive Quote		**Fr. 300.–**

Zwar beträgt der Überschuss zum betreibungsrechtlichen Existenzminimum 410 Franken. Da aber weder die Ergänzungsleistungen noch die IV-Rente pfändbar sind, kann das Betreibungsamt maximal die Pensionskassenrente beanspruchen.

mit den Renten von IV und Pensionskasse sowie den Ergänzungsleistungen genug zum Leben. Doch das Betreibungsamt meldet sich und berechnet eine pfändbare Quote von 300 Franken pro Monat (siehe Kasten).

> **TIPP** *Weitere wichtige Informationen etwa zu Schulden, Betreibungen und Existenzminimum finden Sie unter www.schuldeninfo.ch.*

6

Probleme mit der EL-Stelle

Negativer EL-Entscheid
– so wehren Sie sich

Wenn die EL-Stelle alle Unterlagen beieinander hat, wird sie über Ihren Antrag entscheiden – Sie erhalten Ergänzungsleistungen oder eben nicht. Wie Sie sich gegen einen negativen Entscheid wehren können, erfahren Sie auf den folgenden Seiten.

In den vorangehenden Kapiteln haben Sie gesehen, wann ein Anspruch auf Ergänzungsleistungen besteht und welche Voraussetzungen dafür erfüllt sein müssen. Sie haben Ihren Antrag eingereicht, und jetzt liegt der Entscheid der EL-Stelle vor. «Erhalte ich wirklich nur so wenig?», denken Sie.

LORENZ R. BEZIEHT EINE IV-RENTE. Die EL-Stelle hat ihm eine tiefe Ergänzungsleistung zugesprochen. Herr R. schaut die Verfügung genau durch und findet einen Rechnungsfehler: 100 Franken monatlich macht das aus. Was kann er tun?

Den Entscheid über Ihre Ansprüche erhalten Sie in Form einer Verfügung, eines begründeten Entscheids, den die staatliche Behörde für Ihre persönliche Situation gefällt hat. Eine solche Verfügung erhalten Sie nicht nur nach Ihrer EL-Anmeldung, sondern auch immer dann, wenn sich Ihre Lebensverhältnisse so verändern, dass die Höhe der Ergänzungsleistungen beeinflusst wird (siehe Seite 28). Gegen eine solche Verfügung kann man sich mit einer Einsprache wehren.

Einsprache einreichen

Eine Verfügung im Zusammenhang mit den Ergänzungsleistungen enthält jeweils eine Aufstellung über Ihre anerkannten Ausgaben und Einnahmen. Am Schluss des Dokumentes finden Sie die **Rechtsmittelbelehrung**. Darin steht, dass Sie eine allfällige Einsprache innert 30 Tagen erheben müssen (Rechtsmittelfrist), und welche Stelle dafür zuständig ist (siehe Beispiel im Anhang).

Die 30 Tage der Rechtsmittelfrist verstehen sich als Kalendertage, also inklusive Samstage und Sonntage. Fällt der letzte Tag der Einsprachefrist auf einen Samstag, Sonntag oder Feiertag, können Sie auch noch am folgenden Werktag Einsprache erheben. Massgebend ist der Poststempel.

> **MAX E. BEKOMMT AM 5. JUNI** die EL-Verfügung. Seine Rechtsmittelfrist läuft also vom 6. Juni bis zum 5. Juli. Dieses Datum muss auf dem Poststempel seiner Einsprache stehen. Um die rechtzeitige Übergabe der Einsprache an die Post zu beweisen, empfiehlt es sich, die Einsprache per Einschreiben zu versenden. Reicht Herr E. die Einsprache zu spät ein, wird darauf nicht mehr eingegangen. Die Verfügung gilt dann definitiv, sie ist – wie die Juristen sagen – in Rechtskraft erwachsen oder rechtskräftig geworden.

> **ACHTUNG** *Achten Sie darauf, dass Sie nicht just dann in den Ferien sind, wenn Sie mit der Verfügung rechnen müssen. Oder beauftragen Sie eine Vertrauensperson, die Ihnen die Verfügung nachschickt, damit Sie innert 30 Tagen reagieren können. Sorgen Sie dafür, dass die Vertrauensperson eine Vollmacht hat, damit sie den eingeschriebenen Brief bei der Post abholen kann.*

Die Einsprache formulieren

Ihre Einsprache können Sie in Form eines Briefes einreichen, in dem Sie zum Ausdruck bringen, dass Sie den Entscheid der EL-Stelle nicht akzeptieren, und Ihre Begründung dafür angeben. Achten Sie dabei auf folgende Punkte (ein Muster finden Sie im Anhang):

- Beziehen Sie sich in Ihrem Schreiben auf die zu korrigierende Verfügung.
- Ausserdem muss Ihre Einsprache einen Antrag enthalten, eine kurze Schilderung Ihres Anliegens und eine Begründung dafür.
- Schicken Sie die Einsprache fristgerecht und aus Beweisgründen eingeschrieben ab.

Übrigens: Wenn Sie sich nicht zutrauen, die schriftliche Einsprache selber zu verfassen, können Sie sich bei der EL-Stelle persönlich melden. Vereinbaren Sie einen Termin innert der 30-Tage-Frist. Erklären Sie der Mitarbeiterin der EL-Stelle, mit welchem Teil der EL-Verfügung Sie nicht einverstanden sind, und begründen Sie Ihr Anliegen mündlich. Die Mitarbeiterin wird Ihren Einwand schriftlich festhalten, und Sie müssen dieses Protokoll am Ende des Gespräches unterschreiben.

So geht es weiter

Die EL-Behörde wird die Einsprache überprüfen und einen Einspracheentscheid fällen. Entspricht auch dieser nicht Ihren Erwartungen, können Sie wiederum innert 30 Tagen Beschwerde beim kantonalen Versicherungsgericht erheben. Dieses fällt ein Urteil – was allerdings auch mal bis zu zwei Jahre dauern kann. Sind Sie auch damit nicht einverstanden, können Sie das kantonale Urteil mit Beschwerde ans Bundesgericht als letzte Instanz weiterziehen.

INFO *Das Verfahren vor der ersten Gerichtsinstanz, dem kantonalen Versicherungsgericht, ist kostenlos. Ziehen Sie* den Fall weiter bis vors Bundesgericht, müssen Sie mit Kosten zwischen 200 und 1000 Franken rechnen.

Wie steht es mit den Anwaltskosten?

Spätestens vor dem kantonalen Gericht ist es sinnvoll, einen Anwalt beizuziehen. Geeignete Fachleute finden Sie auf der Website des Beobachters (www.beobachter.ch/beratung → Anwalt finden). Ein Anwalt, eine Anwältin kostet 200 bis 400 Franken pro Stunde. Wie soll ein EL-Bezüger das finanzieren können?

Sind Sie **rechtsschutzversichert,** sollten Sie das Verfahren bei Ihrer Versicherung anmelden. Es lohnt sich, Ihre Versicherungsunterlagen zu prüfen: Vielleicht verfügen Sie schon bei einer Versicherung, bei Ihrer Krankenkasse oder im Zusammenhang mit einer Mitgliedschaft – etwa bei Ihrem Berufsverband, bei Ihrer Gewerkschaft oder einem Verein – über eine Rechtsschutzversicherung. Vielleicht haben Sie die «Beobachter Assistance» abgeschlossen, auch darin ist eine Rechtsschutzversicherung enthalten.

Ist keine Rechtsschutzversicherung vorhanden, haben Menschen mit geringem Einkommen die Möglichkeit, **unentgeltliche Rechtspflege** zu beantragen. Das heisst, dass die Staatskasse sowohl die Gerichtskosten als auch Ihre Anwaltskosten übernimmt. Damit Ihnen die unentgeltliche Rechtspflege zugestanden wird, darf Ihr Begehren nicht aussichtslos sein, und Sie müssen am oder unter dem Existenzminimum leben. Zumindest das zweite Kriterium erfüllen Ergänzungsleistungsbezüger.

Erhalten Sie die unentgeltliche Rechtspflege, heisst das nicht, dass Ihnen die Kosten für alle Zeit erlassen sind. Kommen Sie später zu Vermögen, zum Beispiel durch eine Erbschaft oder durch einen Sechser im Lotto, kann der Staat das vorgeschossene Geld wieder zurückverlangen.

⚫ **TIPPS** *Für eine erste Beurteilung Ihres Falles können Sie sich an eine Beratungsstelle wenden. Geeignete Adressen finden Sie im Anhang.*

Ausserhalb der unentgeltlichen Rechtspflege gibt es auch die Möglichkeit, einen Anwalt über Fonds und Stiftungen zu finanzieren (mehr dazu auf Seite 146).

Das Recht, die Akten einzusehen

Seit Sie bei der EL-Stelle angemeldet sind, führt diese ein Dossier zu Ihrem Fall. Alle Ihre Unterlagen sind darin abgelegt: die Abklärungen der fallführenden Stelle, Informationen von Dritten, alle Berechnungen, Entscheide etc. Die EL-Stelle weiss viel über Sie, denn Sie mussten das Amt bei Ihrer Anmeldung bevollmächtigen, auch bei Drittpersonen Informationen einzuholen. Damit hat die EL-Stelle Zugang zu Informationen von Ärzten, Spitälern, Krankenkassen, Steuerbehörden, Sozialversicherungen und privaten Versicherern, Sozialämtern, Arbeitgebern, Vermietern, Anwälten und Treuhandfirmen.

Spätestens, wenn der Entscheid der EL-Behörde vorliegt, ist es sinnvoll, die eigenen Akten einzusehen. Diese bilden die Grundlagen, auf die sich die EL-Stelle bei ihrem Entscheid gestützt hat. Aber auch ohne, dass Sie eine Verfügung erhalten haben, können Sie jederzeit bei der EL-Stelle Akteneinsicht verlangen. So erfahren Sie, welche Akten die Behörde bereits gesammelt hat, und können notfalls einen Antrag auf Korrektur stellen.

⚫ **TIPP** *Den Wunsch nach Akteneinsicht melden Sie am besten schriftlich an. Es reicht ein kurzer Brief an die zuständige Ausgleichskasse – ein Muster finden Sie im Anhang.*

Die EL-Stelle macht nicht vorwärts

Sie haben Ihr Gesuch um Ergänzungsleistungen ausgefüllt und eingereicht oder Sie warten auf eine Erhöhung der Ergänzungsleistungen – aber Sie hören und lesen nichts von der EL-Stelle. Rufen Sie an und fragen Sie nach. Vielleicht fehlt bloss ein Schriftstück in den Akten, dann lässt sich das Problem schnell und unkompliziert lösen.

Vor der EL-Revision 2021 gab es aber auch EL-Bezüger, die sechs Monate und mehr auf eine Antwort warteten.

Es ist zu hoffen, dass dies künftig nicht mehr vorkommt. Denn ab 2021 darf sich die EL-Stelle maximal 90 Tage Zeit für die Bearbeitung nehmen und muss dann über die Höhe der Leistung entscheiden. Kann die EL-Stelle diese Frist nicht einhalten, so muss sie Vorschussleistungen ausrichten, sofern Sie alle nötigen Unterlagen eingereicht haben und ein Anspruch als ausgewiesen erscheint.

Haben Sie den Eindruck, die EL-Stelle verzögere Ihr Anliegen mit Absicht und schiebe Ihr Gesuch auf die lange Bank, können Sie in einem ersten Schritt eine Beratungsstelle einschalten und um Vermittlung bitten. Geeignete Adressen finden Sie im Anhang. Möglich ist auch eine Aufsichtsbeschwerde an die nächsthöhere Amtsstelle. Informationen dazu erhalten Sie bei der EL-Stelle.

TIPP *Werden Ihre Finanzen knapp und klappt es mit dem Vorschuss über die EL-Stelle nicht, wenden Sie sich ans Sozialamt. Bis zur Auszahlung der Ergänzungsleistungen können Sie als Vorschuss Sozialhilfe erhalten (mehr dazu auf Seite 149). Auch die Pro Senectute oder die Pro Infirmis springen unter Umständen kurzfristig ein (siehe Seite 144).*

Anhang

EL-Revision 2021 auf einen Blick: Was hat geändert?

Seit der Bundesrat im September 2016 dem Parlament einen neuen Entwurf für das Ergänzungsleistungsgesetz vorgelegt hat, haben sich der Ständerat und der Nationalrat je dreimal um die Revision gekümmert. Erst eine Vorlage der Einigungskonferenz hat am 22. März 2019 die Reform parlamentarisch besiegelt. Am 1. Januar 2021 ist die Revision in Kraft getreten.

Die Revision war notwendig, weil sich zwischen 2000 und 2019 die EL-Bezüge mehr als verdoppelt haben: von 2,3 auf 5,2 Milliarden Franken. Die Anzahl Personen, die Ergänzungsleistungen (EL) beziehen, hat sich im gleichen Zeitrahmen von 202 700 auf 337 000 erhöht. Eine weitere Zunahme ist zu erwarten, dies insbesondere aufgrund der demografischen Entwicklung – das BSV, das Bundesamt für Sozialversicherungen, erwartet für 2030 einen Ausgabenanstieg auf 6,9 Milliarden Franken.

Es werden aber auch Leistungen erhöht – z. B. die Mietzinsmaxima –, eine seit 2001 von vielen EL-Bezügern sehnlichst erwartete Anpassung.

Neuanpassung der Mietzinsmaxima
Bisher haben EL-Bezüger maximal 1100 Franken für Einzelpersonen und 1250 Franken für Ehepaare und Familien monatlich für die Miete als Höchstbetrag erhalten – neu gibt es regionale Abstufungen, nach Anzahl Personen:

Grosszentren (Region 1)
1 Person	Fr. 1370.–
2 Personen	Fr. 1620.–
3 Personen	Fr. 1800.–
4 Personen	Fr. 1960.–

Hatte in einer Grossstadt eine vierköpfige Familie bisher maximal 1250 Franken für die Miete zur Verfügung, sind es ab 2021 monatlich 1960 Franken.

Stadt (Region 2)
1 Person	Fr. 1325.–
2 Personen	Fr. 1575.–
3 Personen	Fr. 1725.–
4 Personen	Fr. 1875.–

Land (Region 3)
1 Person	Fr. 1210.–
2 Personen	Fr. 1460.–
3 Personen	Fr. 1610.–
4 Personen	Fr. 1740.–

Zusätzlich zu diesen Aufschlägen haben die Kantone die Möglichkeit, die Mietzinsmaxima nochmals um 10% zu erhöhen, aber auch um 10% zu senken.

Die Nebenkostenpauschale wird von 1680 auf 2520 Franken jährlich erhöht. Der Zuschlag für rollstuhlgängige Wohnungen wird von 3600 Franken auf neu 6000 Franken im Jahr erhöht.

Wohngemeinschaften

EL-Bezüger in Wohngemeinschaften erhielten bisher maximal den Betrag einer Einzelperson als Mietzins (1100 Franken). Neu beträgt der Höchstbetrag für den Mietzins pro Person in einer WG pro Monat:

Grossstadt (Region 1)	Fr. 810.–
Stadt (Region 2)	Fr. 788.–
Land (Region 3)	Fr. 730.–

Keine EL mehr für Vermögende

Zukünftig wird eine sogenannte Vermögensschwelle eingeführt. Diese liegt für Einzelpersonen bei einem Vermögen von über 100 000 Franken, für Ehepaare bei 200 000 Franken und für Kinder bei 50 000 Franken. Ab diesen Vermögenswerten besteht kein Anspruch mehr auf Ergänzungsleistungen. Dabei werden selbstbewohnte Liegenschaften nicht berücksichtigt.

Vermögensfreibetrag

Der Vermögensfreibetrag wird von bisher 37 500 Franken auf 30 000 Franken gesenkt (Alleinstehende), bei Paaren von bisher 60 000 Franken auf 50 000 Franken. Der Freibetrag für Kinder bleibt bei 15 000 Franken. Der zusätzliche Freibetrag für selbstbewohnte Liegenschaften beträgt weiterhin 112 500 Franken.

Opfer von Zwangsmassnahmen

Ab 1. Mai 2020 gilt das neue Bundesgesetz über die Aufarbeitung der fürsorgerischen Zwangsmassnahmen und Fremdplatzierungen vor 1981 (AFZFG). Darin festgehalten ist, dass die Beiträge aus dem Solidaritätsfonds zu keiner Reduktion von Sozialhilfe oder Ergänzungsleistungen (EL) führen dürfen. Wichtig dabei ist, dass diese Regelung rückwirkend gilt. EL-Stellen müssen bei Bezügern, deren EL-Betrag wegen der Fondszahlung reduziert wurde, eine Neuberechnung vornehmen. Ergibt sich dabei ein höherer EL-Betrag, erhält die betroffene Person eine Nachzahlung. Gemäss dem Bundesamt für Sozialversicherungen sollten die Begünstigten eine Information zum neuen Gesetz erhalten und über das weitere Vorgehen informiert werden. Betroffene können sich aber auch selber bei ihrer EL-Stelle melden und eine Neuberechnung verlangen.

Vermögensverzicht
Bisher wurde nur verschenktes Vermögen bei der EL-Rechnung als Vermögensverzicht aufgerechnet – neu wird auch als Vermögensverzicht berücksichtigt, was die Person für sich selber in zu hohem Ausmass ausgibt.

Hat eine Person über 100 000 Franken Vermögen und gibt sie mehr als 10% ihres Vermögens jährlich aus, wird die Differenz als Vermögensverzicht weiterhin angerechnet. Bei Vermögen unter 100 000 Franken liegt diese Schwelle bei 10 000 Franken jährlich.

Bei der EL zur AHV wird ein Vermögensverbrauch ab 10 Jahren vor der Pensionierung berücksichtigt (frühestens ab 1. Januar 2021), bei der EL zur IV ab Anspruch der Rente.

Wird das Vermögen aus wichtigen Gründen, z. B. für eine Weiterbildung, eine ärztliche Behandlung, Hausunterhalt, Vermögensverbrauch ohne Absicht (z. B. durch politische, wirtschaftliche oder sonstige unerwartete Ereignisse), Vermögensverbrauch aus Notwendigkeit (Aussteuerung, Arbeitslosigkeit), ausgegeben, wird dies bei der Berechnung des übermässigen Vermögensverbrauchs nicht berücksichtigt.

Rückerstattung durch die Erben
Neu wird mit der EL-Reform eine Rückerstattungspflicht eingeführt: Übersteigt das Erbe eines ehemaligen EL-Bezügers 40 000 Franken, ist der EL-Bezug rückerstattungspflichtig. Bei Ehepaaren erfolgt die Rückerstattung beim Zweitverstorbenen.

Ausgaben für Kinder werden gesenkt
Für Kinder unter 11 Jahren wird der Lebensbedarf von 855 Franken auf 600 Franken monatlich gesenkt. Bei jedem weiteren Kind wird der Betrag um einen Sechstel gekürzt (bis zum 5. Kind). Für Kinder ab 11 Jahren bleibt der Lebensbedarf bei 855 Franken monatlich, allerdings wird er wie bisher ab dem 3. Kind um einen Drittel und ab dem 5. Kind um zwei Drittel gesenkt.

Einkommen des Partners wird zu 80% angerechnet
Bisher floss das Einkommen des Ehegatten lediglich zu zwei Dritteln in die EL-Rechnung ein.

Krankenversicherungsprämien – tatsächliche Kosten
Bisher konnten EL-Bezüger mit einer geschickten Krankenkassenwahl sparen – ab der neuen EL-Gesetzgebung wird der Betrag für die Krankenkassenprämie höchstens bis zur effektiven Krankenkassenprämie berücksichtigt, – maximal aber die Durchschnittsprämie der Region respektive des Kantons gewährt.

Heimbewohner
Sie erhielten bisher jeweils den Monatsbetrag der Heimtaxe ausbezahlt – neu werden nur noch die effektiven Aufenthaltstage vergütet. Verstirbt beispielsweise eine Person, wird die Taxe nur bis zum Todestag bezahlt. Neu werden die Kosten direkt dem Heim vergütet und nicht mehr dem EL-Bezüger ausbezahlt.

Mindestanspruch auf EL wird gesenkt
Bisher erhielten EL-Bezüger im Minimum den Pauschalbetrag für ihre Krankenkassenprämie vergütet – auch wenn der EL-Anspruch tiefer als die Krankenkassenprämie war. Neu wird bei tieferem Anspruch der Betrag auf 60% der Durchschnittsprämie je Region abgesenkt.

Massnahmen für ältere Arbeitslose
Mit der EL-Reform wurden auch Teile der beruflichen Vorsorge neu geregelt: Bisher schieden ältere Arbeitslose aus der Vorsorgeeinrichtung ihres letzten Arbeitgebers meistens aus. Neu können Stellenlose ab dem 58. Altersjahr in der letzten Vorsorgeeinrichtung bleiben. Allerdings müssen sie dann selber für die Kosten aufkommen (sowohl Arbeitnehmer- wie Arbeitgeberbeiträge). Oder sich entscheiden, das Alterskapital nicht mehr weiter zu äufnen.

Umsetzung
Hat die EL-Reform bei Betroffenen Kürzungen oder gar den Wegfall von Leistungen zur Folge, werden die Anpassungen frühestens 3 Jahre nach Einführung – also ab 1. Januar 2024 – vorgenommen. Führt die Reform zu einer Erhöhung der Ergänzungsleistungen, wird dies sofort angepasst.

Die Änderungen zur EL-Reform sind abrufbar unter (www.bsv.admin.ch → Reform der EL).

Musterverfügung mit Erklärungen

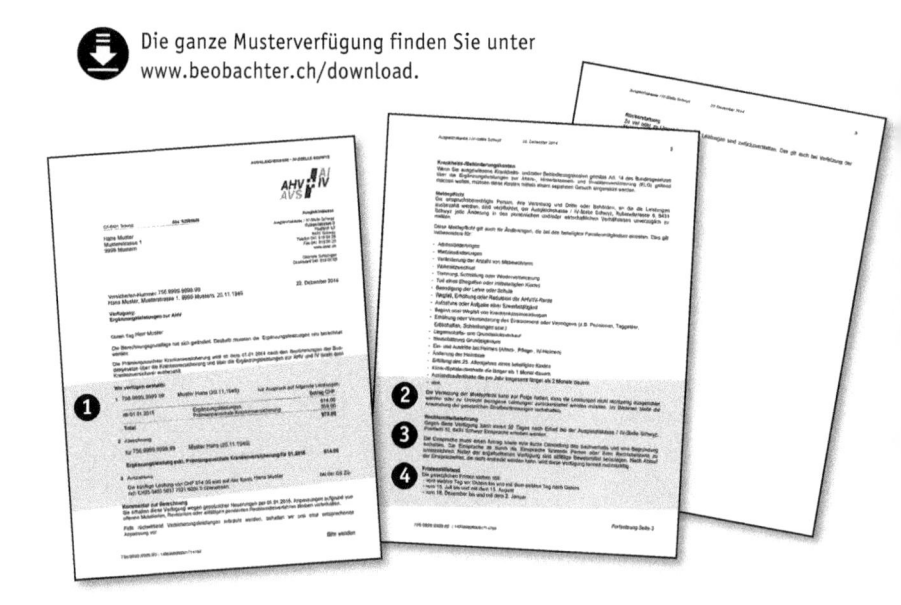

⬇ Die ganze Musterverfügung finden Sie unter www.beobachter.ch/download.

❷ **Meldepflichtverletzung:** Alle Veränderungen bei Ihren Einnahmen und Ausgaben müssen Sie der EL-Stelle sofort melden (mehr dazu finden Sie auf Seite 28).

❸ Die **Rechtsmittelbelehrung** sagt, dass Sie – wenn Sie mit dem Entscheid nicht einverstanden sind – innert 30 Tagen gegen diese Verfügung Einsprache erheben können. Auch die zuständige Stelle ist angegeben; im Beispiel die Ausgleichskasse / IV-Stelle Schwyz.

❹ **Fristenstillstand:** Während dieser Zeit steht die Einsprachefrist still und läuft danach weiter.

❶

Wir verfügen deshalb:

1 756.9999.9999.99	Muster Hans (20.11.1949)	hat Anspruch auf folgende Leistungen:
		Betrag CHF
ab 01.01.2015	Ergänzungsleistungen	614.00
	Prämienpauschale Krankenversicherung	359.00
Total		**973.00**

2 Abrechnung

für 756.9999.9999.99   Muster Hans (20.11.1949)

Ergänzungsleistung exkl. Prämienpauschale Krankenversicherung für 01.2015   614.00

3 Auszahlung

Die künftige Leistung von CHF 614.00 wird auf das Konto Hans Muster   bei der CS Zürich CH25 0483 5037 7521 6000 0 überwiesen.

Kommentar zur Berechnung
Sie erhalten diese Verfügung wegen gesetzlicher Neuerungen...

❷ ❸ ❹

Die Verletzung der Meldepflicht kann zur Folge haben, dass die Leistungen nicht rechtzeitig ausgerichtet werden oder zu Unrecht bezogene Leistungen zurückerstattet werden müssen. Im Weiteren bleibt die Anwendung der gesetzlichen Strafbestimmungen vorbehalten.

Rechtsmittelbelehrung
Gegen diese Verfügung kann innert 30 Tagen nach Erhalt bei der Ausgleichskasse / IV-Stelle Schwyz, Postfach 53, 6431 Schwyz Einsprache erhoben werden.

Die Einsprache muss einen Antrag sowie eine kurze Darstellung des Sachverhalts und eine Begründung enthalten. Die Einsprache ist durch die Einsprache führende Person oder ihren Rechtsbeistand zu unterzeichnen. Nebst der angefochtenen Verfügung sind allfällige Beweismittel beizulegen. Nach Ablauf der Einsprachefrist, die nicht erstreckt werden kann, wird diese Verfügung formell rechtskräftig.

Fristenstillstand
Die gesetzlichen Fristen stehen still:
- vom siebten Tag vor Ostern bis und mit dem siebten Tag nach Ostern
- vom 15. Juli bis und mit dem 15. August
- vom 18. Dezember bis und mit dem 2. Januar

Musterbriefe

Die Musterbriefe stehen unter www.beobachter.ch/download bereit zum Herunterladen und Selberbearbeiten.

Einsprache gegen Verfügung

...   [Ihre Adresse]
...
...
756 ...   [Ihre AHV-Nummer]

Einschreiben
...   [Adresse der EL-Stelle]
...
...

...   [Ort und Datum]

Einsprache gegen die Verfügung vom ... *[Datum der Verfügung]*

Sehr geehrte Damen und Herren

In der obigen Verfügung haben Sie mir Ergänzungsleistungen in der Höhe von 11 676 Franken jährlich zugesprochen. Sie gehen dabei von einer Steuerschuld von 2483 Franken aus – effektiv beträgt diese jedoch 5753 Franken. *[Beispiel: Setzen Sie Ihren Antrag samt Begründung ein.]*

Ich bitte Sie, den tatsächlichen Betrag zu berücksichtigen und die Ergänzungsleistungen neu zu berechnen. Vielen Dank für die Anpassung.

Freundliche Grüsse

[Unterschrift]

Beilage: Steuerbelege

Wunsch nach Akteneinsicht

...   [Ihre Adresse]
...
...
756 ...   [Ihre AHV-Nummer]

...   [Adresse der EL-Stelle]
...
...

...   [Ort und Datum]

Akteneinsicht

Sehr geehrte Damen und Herren

Ich bitte Sie, mir umgehend Kopien meiner vollständigen Akten zuzustellen oder mir einen Terminvorschlag für die Einsicht vor Ort zu machen.

Vielen Dank und freundliche Grüsse

[Unterschrift]

Nützliche Adressen

Beratungsstellen/Anwälte

www.beobachter.ch
Das Wissen und der Rat der Fachleute in acht Rechtsgebieten stehen den Mitgliedern des Beobachters im Internet und am Telefon zur Verfügung. Wer kein Abonnement der Zeitschrift oder von Guider hat, kann online oder am Telefon eines bestellen und erhält sofort Zugang zu den Dienstleistungen.

- www.guider.ch: Guider ist der digitale Berater des Beobachters mit vielen hilfreichen Antworten bei Rechtsfragen.
- Am Telefon: Montag bis Freitag von 9 bis 13 Uhr, Direktnummern der Fachbereiche unter www.beobachter.ch/beratung (→ Telefon) oder 043 444 54 00
- Kurzberatung per E-Mail: Links zu den Fachbereichen unter www.beobachter.ch/beratung (→ E-Mail)
- Beobachter-Anwaltsnetz: www.beobachter.ch/beratung (→ Anwalt finden)
- SOS Beobachter
Flurstrasse 55
8021 Zürich
Tel. 043 444 52 52
Gesuche müssen per Post eingereicht werden.

www.inclusion-handicap.ch
Inclusion Handicap
Mühlemattstrasse 14a
3007 Bern
Tel. 031 370 08 30
Rechtsdienst für Menschen mit Behinderung, Unterstützung bei der Eingliederung, Beratungsstellen in Bern, Lausanne, Zürich

www.procap.ch
Procap
Rechtsdienst
Frohburgstrasse 4
4601 Olten
Tel. 062 206 88 88

www.proinfirmis.ch
Pro Infirmis
Feldeggstrasse 71
Postfach
8032 Zürich
Tel. 058 775 20 00
Auf der Website finden Sie die Adresse der Beratungsstelle in Ihrem Kanton.

www.prosenectute.ch
Pro Senectute Schweiz
Geschäfts- und Fachstelle
Lavaterstrasse 60
Postfach
8027 Zürich
Tel. 044 283 89 89
Auf der Website finden Sie die Adresse der Beratungsstelle in Ihrer Nähe.

www.rechtsberatung-up.ch
Rechtsberatungsstelle UP für Unfall-
opfer und Patienten
Alderstrasse 40
8008 Zürich
Tel. 0800 707 277
Weitere Beratungsstandorte in Basel,
Bern, Luzern, St. Gallen und Aargau

Anwaltssuche:
www.djs-jds.ch
Demokratische Juristinnen und Juristen
der Schweiz
Schwanengasse 9
3011 Bern
Tel. 078 617 87 17
Mitgliederliste mit Spezialgebieten

www.sav-fsa.ch
Schweizerischer Anwaltsverband
Marktgasse 4
3001 Bern
Tel. 031 313 06 06
Anwaltssuche nach Fachgebieten

Kantonale Ausgleichskassen

Die kantonalen Ausgleichskassen sind
für die EL in Ihrem Kanton zuständig.
Sie finden sie auch unter www.ahv-iv.
info (→ Kontakte → Kantonale Stellen
für Ergänzungsleistungen).

**AG Sozialversicherungsanstalt
Aargau**
Kyburgerstrasse 15
5001 Aarau
Tel. 062 836 81 81
www.sva-ag.ch

**AI Ausgleichskasse Appenzell
Innerrhoden**
Poststrasse 9, Postfach 62
9050 Appenzell
Tel. 071 788 18 30
www.akai.ch

**AR Sozialversicherungen Appenzell
Ausserrhoden**
Neue Steig 15, Postfach
9100 Herisau
Tel. 071 354 51 51
www.sovar.ch

**BE Ausgleichskasse des Kantons
Bern**
Chutzenstrasse 10
3007 Bern
Tel. 031 379 79 79
www.akbern.ch

**BL Sozialversicherungsanstalt
Basel-Landschaft**
Hauptstrasse 109
4102 Binningen
Tel. 061 425 25 25
www.sva-bl.ch

**BS Amt für Sozialbeiträge
Basel-Stadt**
Grenzacherstrasse 62
4005 Basel
Tel. 061 267 86 66
www.asb.bs.ch

Für Riehen und Bettingen:
EL-Stelle Riehen Bettingen
Wettsteinstrasse 1
4125 Riehen
Tel. 061 646 82 97
www.riehen.ch (→ Soziales
→ Beratung und Finanzierung
→ Finanzielle Unterstützung
→ Ergänzungsleistungen)

FR Ausgleichskasse des Kantons Freiburg
Impasse de la Colline 1
Case postale 176
1762 Givisiez
Tel. 026 305 52 52
www.caisseavsfr.ch

GE Office cantonal des assurances sociales
Rue des Gares 12
1211 Genève 2
Tel. 022 327 27 27
www.ocas.ch

GL Sozialversicherungen Glarus
Burgstrasse 6
8750 Glarus
Tel. 055 648 11 11
www.svgl.ch

GR Sozialversicherungsanstalt des Kantons Graubünden
Ottostrasse 24
7000 Chur
Tel. 081 257 41 11
www.sva.gr.ch

JU Caisse de compensation du Jura
Rue Bel-Air 3
Case postale 368
2350 Saignelégier
Tel. 032 952 11 11
www.caisseavsjura.ch

LU Ausgleichskasse Luzern
Würzenbachstrasse 8
6000 Luzern 15
Tel. 041 209 00 01
www.was-luzern.ch

NE Ausgleichskasse des Kantons Neuenburg
Fbg de l'Hôpital 28
Case postale 2116
2001 Neuenburg
Tel. 032 889 65 01
www.caisseavsne.ch

NW Ausgleichskasse Nidwalden
Stansstaderstrasse 88, Postfach
6371 Stans
Tel. 041 618 51 00
www.aknw.ch

OW Ausgleichskasse / IV-Stelle Obwalden
Brünigstrasse 144
6060 Sarnen
Tel. 041 666 27 50
www.akow.ch

SG Sozialversicherungsanstalt des Kantons St. Gallen
Brauerstrasse 54
9016 St. Gallen
Tel. 071 282 66 33
www.svasg.ch

SH Sozialversicherungsanstalt Schaffhausen
Oberstadt 9
8200 Schaffhausen
Tel. 052 632 61 11
www.svash.ch

SO Ausgleichskasse des Kantons Solothurn
Allmendweg 6
4528 Zuchwil
Tel. 032 686 22 00
www.akso.ch

SZ Ausgleichskasse und IV-Stelle Schwyz
Rubiswilstrasse 8
Postfach 53
6431 Schwyz
Tel. 041 819 04 25
www.aksz.ch

TG Sozialversicherungszentrum Thurgau
St. Gallerstrasse 11, Postfach
8501 Frauenfeld
Tel. 058 225 75 75
www.svztg.ch

TI Istituto delle assicurazioni sociali
Via Ghiringhelli 15a
6500 Bellinzona
Tel. 091 821 91 11
www.iasticino.ch

UR Sozialversicherungsstelle Uri
Dätwylerstrasse 11
Postfach 30
6460 Altdorf
Tel. 041 874 50 10
www.sozialversicherungsstelleuri.ch

VD Caisse cantonale vaudoise de Compensation AVS
Rue des Moulins 3
1800 Vevey
Tel. 021 964 12 11
www.caisseavsvaud.ch

VS Ausgleichskasse des Kantons Wallis
Avenue de Pratifori 22
1950 Sitten
Tel. 027 324 91 11
www.avs.vs.ch

ZG Ausgleichskasse Zug
Baarerstrasse 11
Postfach
6302 Zug
Tel. 041 560 47 00
www.akzug.ch

ZH Zusatzleistungsstelle der Wohnsitzgemeinde
Für die Stadt Zürich:
Amt für Zusatzleistungen zur AHV/IV der Stadt Zürich
Amtshaus Werdplatz
Strassburgstrasse 9
8004 Zürich
Tel. 044 412 61 11
www.stadt-zuerich.ch (im Suchfeld «Zusatzleistungen zur AHV» eingeben)

Für die Stadt Winterthur:
Zusatzleistungen zur AHV/IV der Stadt Winterthur
Pionierstrasse 5
8403 Winterthur
Tel. 052 267 64 84
www.soziales.winterthur.ch
(→ Finanzielle Unterstützung
→ Zusatzleistungen zur AHV/IV)

Hilfreiche Links

www.ahv-iv.ch (→ Sozialversicherungen → Ergänzungsleistungen)
Merkblätter zu den Ergänzungsleistungen

www.admin.ch (→ Bundesrecht → Systematische Rechtssammlung)
Gesetzessammlung des Bundes; das Ergänzungsleistungsgesetz finden Sie mit dem Suchwort «ELG»

www.benevol.ch
Dachorganisation der Freiwilligenarbeit

https://sozialversicherungen.admin.ch/de/ (→ AHV → Mitteilungen)
Mitteilungen zu den Ergänzungsleistungen, etwa über die anrechenbaren Heimkosten, den Betrag für die persönlichen Auslagen, den Vermögensverzehr

www.lexfind.ch
Gesetzessammlung der Kantone; hier finden Sie die kantonalen Einführungsgesetze für die Ergänzungsleistungen.

www.skos.ch
Schweizerische Konferenz für Sozialhilfe; Richtlinien für die Sozialhilfe

www.sodk.ch (→ Links)
Hier finden Sie das Sozialamt Ihres Kantons.

www.spitex.ch
Hier finden Sie die Spitex in Ihrer Region.

Literatur

Beobachter-Ratgeber

Baumgartner, Gabriela: **Clever mit Geld umgehen.** Budget, Sparen, Wege aus der Schuldenfalle. 3. Auflage, Zürich 2019

Bräunlich Keller, Irmtraud: **Job weg.** Wie weiter bei Kündigung und Arbeitslosigkeit? 4. Auflage, Zürich 2018

Friedauer, Susanne; Gehring, Kaspar: **IV – Was steht mir zu?** Das müssen Sie über Renten, Rechte und Versicherungen wissen. 7. Auflage, Zürich 2020

Noser, Walter; Rosch, Daniel: **Erwachsenenschutz.** Patientenverfügung, Vorsorgeauftrag, Beistandschaften, fürsorgerische Unterbringung, Schutz im Heim, Kesb. 4. Auflage, Zürich 2018

Strebel Schlatter, Corinne: **Wenn das Geld nicht reicht.** So funktionieren die Sozialversicherungen und die Sozialhilfe. 4. Auflage, Zürich 2020

Von Flüe, Karin: **Letzte Dinge regeln.** Fürs Lebensende vorsorgen – mit Todesfällen umgehen. 5. Auflage, Zürich 2018

Limacher, Gitta: **Krankheit oder Unfall – wie weiter im Job?** Das gilt, wenn Sie nicht arbeiten können. 5. Auflage, Zürich 2018

Notizen

Notizen

Notizen

Ratgeber, auf die Sie sich verlassen können

Beobachter EDITION

IV – Was steht mir zu?

Betroffene und Angehörige erfahren alles über Angebote, Rechte und Möglichkeiten, die Menschen mit Beeinträchtigungen offenstehen. Das Buch erklärt, was die IV leistet, wie das Verfahren abläuft und wie die verschiedenen Sozialversicherungen in der Schweiz zusammenspielen.

240 Seiten, Klappenbroschur
ISBN 978-3-03875-291-2

Betreuung und Pflege im Alter

Wie reagiert man bei einem «Pflegefall im Alter»? Dieser Ratgeber hilft, kompetent und vorausschauend wichtige Abklärungen zu treffen und auch im Notfall die richtigen Entscheide zu fällen.

184 Seiten, Broschur
ISBN 978-3-03875-288-2

Wenn das Geld nicht reicht

Was tun, wenn man in eine finanzielle Notlage gerät? Dieser Ratgeber hält viele praktische Tipps und Informationen bereit, wie man aus dem Engpass herausfindet. Er gibt einen Überblick über das Netz der sozialen Sicherheit in der Schweiz und erklärt, wer Anspruch auf Sozialhilfe hat.

216 Seiten, Broschur
ISBN 978-3-03875-248-6

Die E-Books des Beobachters: einfach, schnell, online. www.beobachter.ch/ebooks

Ratgeber, auf die Sie sich verlassen können

Beobachter EDITION

Krankheit oder Unfall

Es kann alle treffen: Arbeitsunfähigkeit etwa nach einer Krankheit, einem Unfall oder einer Operation. Wer plötzlich am Arbeitsplatz ausfällt, hat viele finanzielle und arbeitsrechtliche Fragen und vielleicht auch Ängste. Dieser Ratgeber bietet alle nötigen Informationen.

200 Seiten, Broschur
ISBN 978-3-03875-050-5

Ich bestimme. Mein komplettes Vorsorgedossier

Ob Vorsorgeauftrag, Patientenverfügung oder Vollmachten, wir möchten über unsere Angelegenheiten bis zum Schluss selber bestimmen. Das Beobachter-Vorsorgedossier hilft dabei, die nötigen Unterlagen zusammenzustellen, beantwortet alle brennenden Fragen und bietet die nötigen Vorlagen zum Herunterladen.

160 Seiten, Broschur
ISBN 978-3-03875-290-5

Alles über die KESB

Dieser Ratgeber gibt einen Einblick ins Tätigkeitsfeld und den Aufgabenbereich der Kesb. Er vermittelt, warum das Kindes- und Erwachsenenschutzgesetz uns alle angeht und welche Überlegungen wir anstellen sollten für uns selbst und unsere Angehörigen.

216 Seiten, Klappenbroschur
ISBN 978-3-03875-245-5

Die E-Books des Beobachters: einfach, schnell, online. www.beobachter.ch/ebooks